IDENTIFICATION ET ANALYSE DES BESOINS DES VICTIMES DU CONFLIT POLITICO-ETHNIQUE BURUNDAIS DANS LE CADRE DE LA JUSTICE TRANSITIONNELLE: CAS DES VICTIMES MEMBRES DU CARAVI

APOLLINAIRE NDAYISENGA

IDENTIFICATION ET ANALYSE DES BESOINS DES VICTIMES DU CONFLIT POLITICO-ETHNIQUE BURUNDAIS DANS LE CADRE DE LA JUSTICE TRANSITIONNELLE: CAS DES VICTIMES MEMBRES DU CARAVI

GALDA VERLAG 2022

Bibliografische Information der Deutschen Nationalbibliothek
Die Deutsche Nationalbibliothek verzeichnet diese Publikation in der Deutschen
Nationalbibliografie; detaillierte bibliografische Daten sind im Internet über
https://dnb.de.

© 2022 Galda Verlag, Glienicke
Neither this book nor any part may be reproduced or transmitted in any form or by any means
electronic or mechanical, including photocopying, micro-filming, and recording, or by any
information storage or retrieval system, without prior permission in writing from the publisher.
Direct all inquiries to Galda Verlag, Franz-Schubert-Str. 61, 16548 Glienicke, Germany

ISBN 978-3-96203-249-4 (Print)
ISBN 978-3-96203-250-0 (Ebook)

DEDICACE

A mes très chers père et mère ;
A ma très chère épouse ;
A mon fils-aîné Dushima Elior Ethan.

REMERCIEMENTS

Ce mémoire est l'aboutissement des efforts de plusieurs personnes que nous remercions collectivement ou nommément. Nous pensons de prime abord au professeur Léonidas Ndayisaba qui a accepté de diriger ce mémoire malgré ses innombrables occupations. Qu'il trouve ici l'expression de nos sincères remerciements.

Nos remerciements s'adressent aussi à tous les enseignants de l'Université du Burundi, en l'occurrence, ceux du Master Complémentaire en Droits de l'Homme et Résolution pacifique des Conflits pour la formation qu'ils nous ont donnée et leur dévouement dans l'accomplissement de leur tâche.

De surcroît, nos sentiments de reconnaissance s'adressent aux victimes appartenant aux associations des victimes rassemblées au sein du CARAVI qui ont aisément consacré leur temps à répondre aux questions de notre guide d'entretien. Qu'ils ressentent l'expression de nos sincères remerciements.

En plus, nous adressons nos sentiments de gratitude à l'endroit de l'organisation THARS qui nous a ouvert ses portes pour y effectuer nos recherches sur la prise en charge psychosociale des victimes.

Enfin, notre profonde gratitude s'adresse, à l'endroit de certaines personnes qui, à chaque étape franchie, de près ou de loin, n'ont ménagé aucun effort pour nous encourager. C'est, entre autres, Nduwayo Benjamin qui semblait manifester une impatience pour l'achèvement de ce travail dans les meilleurs délais. Tout en ne pouvant pas les énumérer toutes ici mais que de telles personnes sachent que leur encouragement n'a pas été oublié.

RESUME

Dans une société qui a connu des violations massives des droits de l'homme, les victimes deviennent une catégorie singulière de la population avec des besoins spécifiques. Au Burundi, cette catégorie requiert une attention particulière pour rompre avec les crises cycliques.

Ce travail focalise l'attention particulière à l'analyse des besoins des victimes membres du collectif CARAVI. Les données utilisées ont été collectées grâce à la recherche documentaire et à la technique d'entretien semi-directive.

Au terme de ce travail, nous avons constaté que pour les victimes du CARAVI, le besoin de justice prime sur le pardon, quand bien même, elles envisagent le pardon. Pour d'autres, le pardon joue un grand rôle dans la réconciliation au sein du voisinage ou de la communauté. Pour ces mêmes victimes, leur parole reste indispensable dans le processus de la réconciliation. De surcroît, les associations des victimes mettent un accent particulier sur la réparation symbolique, à savoir le recouvrement de la dignité perdue lors des violences, l'érection des monuments et la mise en place d'une journée de commémoration, sans pour autant empiéter sur les monuments déjà existants et les jours des tueries commémorés par ces victimes. En plus, la prise en charge psychosociale des victimes pourrait jouer un grand rôle dans le processus de la réconciliation.

Enfin de compte, en plus des réformes institutionnelles accomplies dans le cadre de la consolidation de la paix au Burundi, les victimes du CARAVI ont besoin de la mise œuvre du « vetting ».

LISTE DES SIGLES ET ABREVIATIONS

AC-Génocide	: Association pour la lutte contre le génocide
ADN	: Association pour la reconstruction et le développement de la commune Ntega
AGR-Amira	: Association pour la réconciliation et la gestion des mémoires blessées
ALM	: Association lumière du monde de Buta
APMEPCI	: Association pour la mémoire et la protection de l'humanité contre les crimes internationaux
Art.	: Article
ASF	: Avocats sans frontières
ASRPDH	: Association pour la solidarité, le respect et la promotion de la dignité humaine
AVOD	: Association des veuves et orphelins pour la défense de leurs droits
CARAVI	: Collectif des associations pour la réconciliation et l'appui aux victimes des conflits sociopolitiques au Burundi
CENAP	: Centre d'alerte et de prévention des conflits
CICR	: Comité international de la croix rouge
CNDD-FDD	: Conseil national pour la défense de la démocratie-Forces de défense de la démocratie
CNRS	: Commission nationale de réhabilitation des sinistrés
CNTB	: Commission nationale des terres et autres biens
CVR	: Commission vérité et réconciliation
DDR	: Désarmement, démobilisation et réintégration

FAB	: Forces armées burundaises
GIZ	: Gesellschaft für internationale zusammenarbeit ou l'Agence allemande de coopération internationale pour le développement
HCR	: Haut-commissariat des Nations Unies pour les réfugiés
IDEA	: International institute for democracy and electoral assistance
INSS	: Institut national de sécurité sociale
MDRP	: Partenariat multi-pays de démobilisation et de réintégration
OAG	: Observatoire de l'action gouvernementale
ONG	: Organisation non gouvernementale
ONPES	: Observatoire national de la pauvreté et de l'exclusion sociale
PMPA	: Partis ou mouvements politiques armés
RCN Justice et Démocratie	: Réseau des citoyens pour la justice et la démocratie
THARS	: Trauma healing and reconciliation services
VBG	: Violences basées sur le genre

TABLE DES MATIERES

Dedicace v
Remerciements vii
Résumé ix
Liste Des Sigles Et Abreviations xi

INTRODUCTION GENERALE 1

1. Etat de l'art 2

2. Problématique 5

3. Motivation pour le choix du sujet 6

4. Méthodologie et articulation du travail.................................... 7

5. Délimitation du sujet 8

1 CADRE THEORIQUE ET CONCEPTUEL 9

I.1. Justice transitionnelle 9
    I.1.1. Généralités sur la justice transitionnelle 9
    I.1.2. Justice transitionnelle au Burundi 11

I.2. Notions de Victime dans le cadre de conflits violents 13

I.3. Notion de besoin dans la théorie de la résolution des conflits...... 17

I.4. Généralités sur les associations des victimes 20

I.5. Associations des victimes au Burundi 21

2 TRAITEMENT DES BESOINS DES VICTIMES DANS L'HISTOIRE DU CONFLIT POLITICO-ETHNIQUE BURUNDAIS JUSQU'EN 2014   25

II.1. Question des réfugiés, des rapatriés et des déplacés au Burundi 25

II.2. Veuves et orphelins 28

II.3. Anciens combattants ou démobilisés 30

II.4. Commémorations et monuments : une forme de réparation 32

II.5. De l'invisibilité sociale des victimes 36

3 BESOINS DES VICTIMES PAR RAPPORT A LA JUSTICE TRANSITIONNELLE   39

III.1. Libération de la parole des victimes 39

III.2. Connaissance de la vérité et lutte contre la culture de déni 42

III.3. Justice punitive versus le pardon 44

III.4. Réparations des dommages 48

III.5. Réformes institutionnelles et garanties de non répétitions 51

III.6. Aide psychosociale aux victimes 53

Conclusion Generale   57
Bibliographie   61
Annexe   65

INTRODUCTION GENERALE

Depuis son indépendance, le Burundi a connu des crises sociopolitiques cycliques caractérisées par des violations massives des droits de la personne humaine. Ces crises ont été à l'origine de la mort de plusieurs milliers de personnes, des milliers de déplacés et réfugiés sans oublier d'énormes destructions matérielles. Ces crises burundaises ont gravé dans la mémoire des Burundais des séquences les plus marquantes : 1965, 1969, 1972, 1991 et 1993. Cependant, alors que ces différentes séquences étaient délimitées temporairement, celle de 1993 a été difficile à délimiter[1]. En fait, la guerre civile qui éclate après l'assassinat du président Melchior Ndadaye le 21 octobre 1993, s'est prolongée jusqu'en 2008, date où le dernier mouvement rebelle signe le cessez-le-feu.

La charge de blessure du passé est plus profonde dans un contexte où la politique de thérapie sociale se révèle encore insuffisante[2] pour panser les mémoires blessées et renforcer la capacité de résilience au niveau des communautés. En effet, les victimes ont vécu seules avec leurs histoires (souvent tragiques) pendant de nombreuses années sans savoir si un jour elles pourraient en parler et obtenir réparation[3]. Ce silence de l'histoire est plus douloureux pour les victimes.

Cependant, les mécanismes de la justice transitionnelle entamés avec la signature d'Accord d'Arusha en août 2000 tentent de résoudre ce problème pour les victimes. Pour rompre avec un passé de la violence, il s'avère nécessaire de

---

[1] S. BARANCIRA, (sous la dir.), *Paroles de Burundais sur la justice de l'après-guerre*, RCN Justice et Démocratie, rapport 2006-2007, p. 11
[2] Il existe quelques initiatives de certaines ONG et de l'Eglise catholique surtout.
[3] P. XAVIER, *Réparation et responsabilité dans les périodes post-conflictuelles : le cas de l'apartheid en Afrique du sud* sur le site courdecassation.fr, le 18 mars 2021

tenir compte de la charge des traumatismes généralisés par ces crises massives et répétitives[4]. Pour ce faire, il est plus crucial de prendre en considération les besoins des victimes pour une bonne mise en œuvre des mécanismes de la justice transitionnelle. En effet, les victimes des graves violations de droits humains commises lors de différentes crises sont les premières concernées par le processus de justice transitionnelle. Ainsi, elles doivent se l'approprier pour la construction d'une paix durable au Burundi. Selon les Nations Unies, cela est plus utile puisque la justice transitionnelle, contrairement à la justice dite classique, serait d'avantage centrée sur la victime[5].

1. Etat de l'art

La question de la justice transitionnelle au Burundi date surtout des années 2000 avec la signature de l'accord d'Arusha. Ce thème a intéressé des chercheurs en sciences sociales. Mais, on n'a pas vu beaucoup de chercheurs s'intéresser beaucoup à la victime elle-même ou sa place dans la résolution du conflit politico-ethnique burundais à travers les mécanismes de la justice transitionnelle. En effet, le cessez-le-feu est différent de la fin du conflit. Aussi longtemps qu'il existe un problème des victimes non résolu, le conflit persiste et la violence risque de réapparaître.

Sur ce thème, il n'existe pas d'ouvrages scientifiques. Cette thématique semblerait nouvelle alors qu'il y a plus de 20 ans, que le Burundi entrait en transition. Dans les milieux académiques, notre attention a retenu quatre travaux de mémoires importants : trois travaux réalisés à la Chaire UNESCO et un autre réalisé à l'Université Espoir d'Afrique. Cette première catégorie est constituée par des travaux de mémoires de fin d'Etudes Supérieures Spécialisées en Droit de l'Homme et Résolution pacifique des conflits.

En 2009, Sylvère Ntakarutimana a travaillé sur *La problématique des politiques de réparations dans le cadre de la justice transitionnelle : quels défis pour le Burundi ?* L'auteur étudie le processus de justice transitionnelle qui devrait être entamé par le gouvernement de transition institué par l'Accord d'Arusha mais qui a connu une lenteur.

---

[4]OAG, *Les consultations nationales au Burundi. Expériences acquises, défis et stratégies pour la mise en place des mécanismes de justice transitionnelle*, Bujumbura, 2009, pp. 27-28
[5]NATIONS UNIES, *La justice de transition et les principes des consultations nationales au Burundi*, Bujumbura, 2009, p. 11

Tout de même, le pouvoir du Conseil National pour le Défense de la Démocratie-Forces de Défense de la Démocratie (CNDD-FDD) à partir de 2005 a trainé les pieds[6] dans la mise en place de ce processus alors que l'Accord d'Arusha préconisait que le gouvernement de transition, en concertation avec le Bureau de l'Assemblée nationale de transition, devrait mettre sur pied la Commission nationale pour la vérité et la réconciliation[7].

Les enquêtes menées par cet auteur ont révélé que les orphelins, les veuves et les veufs, et ceux qui ont perdu leurs biens sont incontestablement les victimes des violences cycliques qui ont endeuillé les Burundais.

La détermination des victimes qui recevront les réparations nécessite une enquête des organes habilités pour déterminer les victimes et les formes de réparations[8].

Pour pallier au défi de financement des politiques des réparations, l'auteur propose les moyens de financement de ces réparations[9]. En premier lieu, les bourreaux doivent réparer eux-mêmes les victimes. En second lieu, le financement des réparations peut être organisé sous forme des décisions fiscales pour financer un fonds de réparation aux victimes. En troisième lieu, le gouvernent passe par les bailleurs bilatéraux et multilatéraux pour financer le programme de réparation.

Alexis Ndimubandi, dans son mémoire en 2010, a travaillé sur l'*Approche exploratoire des attentes des personnes endeuillées par le conflit dans la justice transitionnelle au Burundi*. Ce thème a été abordé par rapport à la justice transitionnelle. Ce travail est le résultat d'une démarche méthodologique de type exploratoire avec entretien comme technique de recueil de données. La recherche a été réalisée à partir de la troupe théâtrale « Si ayo guhora » (Ce n'est pas à taire) de RCN Justice et Démocratie dans les représentations de la pièce « Burundi simba imanga » (Burundi, traverses le précipice !)[10]. Par

---

[6] S. NTAKARUTIMANA, *La problématique des politiques de réparation dans le cadre de la justice transitionnelle : quels défis pour le Burundi ?* Mémoire de DESS en Droits de l'Homme et Résolution pacifique des conflits, Chaire UNESCO, Bujumbura, 2009, p. 39. Rappelons qu'il a fallu attendre l'année 2014 pour que la CVR soit mise en place.
[7] Article 5 de l'Accord d'Arusha pour la paix et la réconciliation au Burundi, 2000
[8] Il ajoute que les enquêteurs devraient distinguer les victimes directes des victimes indirectes, des victimes de première et celles de seconde génération.
[9] S.NTAKARUTIMANA, *Op. Cit.*, p. 39
[10] A.NDIMUBANDI, *Approche exploratoire des attentes des personnes endeuillées par le conflit dans la justice transitionnelle au Burundi*, mémoire de DESS, Chaire UNESCO, Bujumbura, 2010, pp. 5-6

cette méthodologie, l'auteur identifiait les personnes endeuillées à l'issue des représentations et des groupes de parole animés à ce propos. Le travail développe surtout deux volets sur la justice transitionnelle : la recherche de la vérité et la poursuite pénale[11]. Par rapport à la recherche de la vérité, l'auteur a trouvé des points de vue différents. Pour les uns, la vérité est inutile car elle est déjà connue. Pour d'autres, la vérité serait dangereuse car il faut un contexte plus rassurant. Par contre, elle serait utile si elle permet une reconnaissance de la souffrance des victimes du conflit et cela dans des conditions d'expression rassurantes. Mais, pour certaines victimes, la vérité peut s'avérer impossible à cause de l'impossibilité d'identification des auteurs des violations. Quant à la poursuite pénale, pour certaines victimes, celle-ci est dépassée. Pour d'autres, elle est impossible suite à la difficulté d'identification des auteurs de crimes. Enfin, une catégorie considère la poursuite judiciaire comme dangereuse si les auteurs des crimes détiennent le pouvoir.

Un autre travail de mémoire a été réalisé en 2007 par Pie Ntakirutimana sur *Les défis et les enjeux d'une Commission de Vérité et Réconciliation au Burundi*. Lui, il n'insiste pas sur les victimes mais plutôt sur les enjeux et les défis qui hantent la future mise en place de la CVR[12], le choix des commissaires et le fonctionnement avec toutes les pesanteurs politiques, historiques et culturelles.

Le quatrième auteur traitant la question des victimes est Aloys Juvénal Batungwanayo ayant travaillé sur *Le droit et le devoir de mémoire au Burundi : 1962-2014*. Cet auteur développe le rôle de la mémoire dans le processus de la réconciliation au Burundi. Il a trouvé que la mémoire est au centre de la réconciliation car elle permet de redonner l'espoir aux victimes et la dignité aux personnes tuées[13]. La mémoire est décrite comme une sorte de justice rendue aux victimes et aux familles des victimes.

D'une façon générale, on voit que le domaine de la justice transitionnelle au Burundi n'a pas attiré l'attention de beaucoup de chercheurs. Ce sujet a une pertinence dans la mesure où certains champs sur ce domaine restent inexplorés. C'est notamment ce thème relatif aux besoins des victimes dans le cadre de la justice transitionnelle au Burundi. A partir des associations des victimes rassemblées au sein du CARAVI, ce travail identifie et analyse les

---

[11]*Idem*, pp. 45-46

[12]Le mot futur vient pour se placer dans le contexte de 2007 c'est-à-dire avant la mise place de la CVR.

[13]A.J. BATUNGWANAYO, *Le droit et le devoir de mémoire au Burundi : 1962-2014*, Université Espoir d'Afrique, Bujumbura, 2014, pp. 140-141

besoins des victimes du conflit politico-ethnique burundais. Notre attention particulière, par rapport aux travaux existants, est portée sur les besoins de reconnaissance des souffrances des victimes et de la lutte contre le déni, la libération de la parole des victimes, la possibilité du pardon, la réparation et la prise en charge psychosociale. Pour bien mener notre travail, la recherche documentaire et les enquêtes orales auprès des victimes du CARAVI ont été privilégiées.

2. Problématique

Dans une société qui a connu des violations massives des droits de l'homme, les victimes deviennent une catégorie singulière de la population avec des besoins spécifiques. Cette catégorie nécessite une attention particulière pour éviter une seconde victimisation[14].

Selon Symonds, la seconde victimisation fait référence à une perception de la victime, selon laquelle la victime n'est pas acceptée ni soutenue par les autres.

En vue de rompre avec les récurrentes crises politico-ethniques qui, depuis l'indépendance du Burundi, ont conduit à la violation des droits de l'homme et le droit international humanitaire, l'Accord d'Arusha pour la paix et la réconciliation au Burundi consacre les mécanismes de la justice transitionnelle. Cependant, ces crises avaient laissé des dégâts importants dans tout le pays : pertes des vies humaines, destructions matérielles, pour ne citer que cela. Par voie de conséquence, les crises ont « produit » plusieurs victimes qui restent des grands « vestiges » des guerres récurrentes au Burundi : les réfugiés, les déplacés, les orphelins, des handicapés physiques et des malades et/ou handicapés mentaux, etc.

Ainsi, au moment décisif des violences généralisées ou sporadiques dans

---

[14]Le concept de la seconde victimisation est introduit par Martin Symonds ancien policier et psychiatre en 1980. Dans sa recherche auprès des victimes, Symonds remarque que ces dernières passent par certaines phases. Dès que la menace représentée par l'agresseur a disparu, la victime veut réduire son sentiment d'impuissance. Souvent, lorsqu'elle est en contact avec des policiers ou avec d'autres intervenants, elle leur transfère ce besoin. Au moment de ce contact, il arrive souvent que la victime soit encore en état de choc ; elle sera alors soumise et aura souvent des attentes qu'elle sera incapable d'exprimer. Sur ce sujet voir aussi International Institute for Democracy and Electoral Assistance (IDEA), *La réconciliation après un conflit violent: Un manuel*, Strömsborg, 2004, p. 76.

certains cas, on a assisté à la naissance des associations des victimes. D'autres associations naitront plus tard peu après la crise. Cela revient à signifier que certaines associations se seraient formées longtemps avant la mise en place de la Commission Vérité et Réconciliation. On peut se demander les soubassements de l'existence des associations des victimes.

Notre question centrale : quels sont les besoins des victimes **rassemblée au sein du CARAVI dans le processus de la justice transitionnelle ?**

Nos questions de recherches sont les suivantes :

- ✓ Les souffrances des victimes sont-elles suffisamment reconnues ?
- ✓ Quels types de réparation ont besoin les associations des victimes ?
- ✓ Est-ce que le regroupement des victimes dans les associations participe-t-il dans la réconciliation ?

Pour atteindre l'objectif de départ de ce travail, nous formulons quelques hypothèses qui seront confirmées ou infirmées après le travail de recherche.

- ✓ Les victimes rassemblées dans les associations du CARAVI ont besoin de la reconnaissance de leurs souffrances ;
- ✓ Les victimes des associations ont besoin de la réparation qui participe à leur redressement matériel et psychologique ;
- ✓ Ces mêmes victimes ont un rôle irremplaçable à jouer dans la réconciliation des Burundais.

3. Motivation pour le choix du sujet

D'aucuns n'ignorent que la réconciliation ne pourraient pas être effective sans les victimes des violations des droits de l'homme au Burundi. Toute personne avisée peut être convaincue qu'impliquer les victimes dans le processus de justice transitionnelle est la clé de réussite de la réconciliation, et par voie de conséquence du rétablissement de l'État droit. C'est à ce niveau même que se situe l'intérêt de ce travail. En effet, sans doute, les victimes regroupées dans les associations ont une cause à défendre. En peu de mots, ce travail contribuera à mettre en lumière des besoins matériels, symboliques et psychologiques des victimes rassemblées au sein du CARAVI dans le processus de la justice transitionnelle. A la fin de ce travail, nous aurons contribué à la compréhension des besoins de victimes car, selon John Burton, les conflits naissent de l'incompréhension des besoins des autres. Ce travail pourra ainsi contribuer au processus de réconciliation en accordant la parole aux victimes. Il pourra aussi éclairer les acteurs du processus de la réconciliation au Burundi.

4. Méthodologie et articulation du travail

Pour bien mener ce travail, nous adoptons une approche qualitative en combinant plusieurs techniques de collecte d'informations. Dans un premier temps, nous faisons recours à une analyse documentaire en consultant des ouvrages généraux, des articles scientifiques, des mémoires, des rapports des ONG et ceux des associations des victimes et documents divers.

Dans un second temps, nous utilisons la technique d'entretien semi-directif. Ici, l'échantillon à questionner sera des experts travaillant sur la justice transitionnelle et des membres des sept associations des victimes constituant le Collectif des Associations pour la Réconciliation et l'Appui aux Victimes des conflits sociopolitiques au Burundi (CARAVI). Nous aurons donc à prendre le temps d'interroger ces personnes en face à face.

A côté de ces deux techniques de recherche, nous faisons recours à la méthode d'observation. Cette technique étudie les attitudes et les comportements des individus ou des groupes, en prenant en considération l'aspect idéologique, culturel et même social. Celle-ci consistera à observer des réactions et autres agissements lors des entretiens avec les victimes.

Les données recueillies lors de ces trois techniques de recherche ont été soumises à une analyse de vérification. Celle-ci consiste à vérifier la justesse et la finesse des hypothèses préétablies, en s'appuyant sur des objectifs de la recherche.

Ce travail s'articule sur trois chapitres complémentaires. Le premier chapitre développe le cadre conceptuel et théorique pour faciliter la compréhension globale de tout le travail. Dans le second chapitre, nous développons la gestion des besoins des victimes dans l'histoire du conflit politico-ethnique burundais jusqu'à la mise en place de la Commission Vérité et Réconciliation en 2014. Le troisième chapitre est consacré à l'étude des besoins des victimes par rapport à la justice transitionnelle. Ici, soulignons que nous nous intéressons aux victimes actives dans les associations rassemblées au sein du CARAVI.

5. Délimitation du sujet

Ce travail de recherche se limite à l'étude des besoins des victimes regroupées dans des associations couramment dénommées « associations des victimes ». Ainsi, nous nous intéressons aux victimes des violations se situant entre 1962 à 2008. L'année 1962 correspond à la date de l'indépendance et l'année 2008 correspond à la date de la signature du cessez-le-feu par le dernier mouvement rebelle Fnl-Palipehutu.

Aussi, du fait qu'il existe une dizaine des associations des victimes, notre travail s'intéressera aux associations rassemblées au sein du Collectif des Associations pour la Réconciliation et l'Appui aux Victimes des conflits sociopolitiques au Burundi, CARAVI en sigle. Le CARAVI a attiré notre curiosité dans la mesure où il s'agit d'un collectif qui regroupe des associations des victimes Hutu et Tutsi qui, à un certain moment avaient des mémoires concurrentes. Ainsi, ces associations deviennent un cas plus spécifique à traiter dans une recherche par rapport aux victimes non membres du CARAVI. Ce collectif regroupe sept associations des victimes à savoir :

1. Association pour la solidarité, le respect et la promotion de la dignité humaine : **ASRPH/Kivyuka**
2. Association des Veuves et Orphelins pour la Défense de leurs Droits : **AVOD**
3. Association pour la Mémoire et la Protection de l'Humanité contre les Crimes Internationaux : **AMEPCI**
4. Association Lumière du Monde : **ALM/Buta**
5. Association pour la réconciliation et la gestion des mémoires blessées : **ARG-Amira/Kibimba**
6. Association pour la Lutte contre le Génocide : **AC-Génocide Cirimoso**
7. Association des rescapés de Bugendana : **ARGEBU**

1
CADRE THEORIQUE ET CONCEPTUEL

Dans le but de renforcer la délimitation de notre travail et de rendre plus simple sa compréhension, il s'avère plus nécessaire de procéder à l'éclaircissement de quelques concepts en les liant à certaines théories. Cette partie nous permettra de nous pencher sur les concepts de justice transitionnelle, la notion de victimes dans le cadre des conflits violents, la notion de besoin dans le cadre de la résolution des conflits, ainsi que les associations des victimes.

I.1. Justice transitionnelle

I.1.1. Généralités sur la justice transitionnelle

Il n'existerait pas de définition unanime de la justice transitionnelle. Mais la justice transitionnelle représente une sorte de « philosophie de la justice » qui brise radicalement avec les politiques de l'oubli appliquées avant les années 1990 aux situations de crimes contre l'humanité, de crimes de guerre ou de génocide[15]. Au contraire, elle préconise non seulement la justice, mais aussi la recherche de la vérité, les réparations et les garanties de non-répétition face aux violations massives des droits humains.

---

[15]E. MATIGNON, « Justices en mutation au Burundi, Les défis du pluralisme juridique », in *Afrique contemporaine*, n°250, 2014, pp. 55-80 disponible sur le site https://www.cairn.info/revue-afrique-contemporaine-2014-2-page-55.htm consulté le 7/10/2021. En fait ces différents champs sont inséparables et interdépendants les uns des autres. La justice peut être source de réparations, lesquelles peuvent constituer à leur tour une forme de justice, autant la révélation de la vérité qui peut participer elle-même à l'œuvre de justice constitue en même temps une forme de réparation.

Selon Noémie Turgls, cette expression est aujourd'hui généralement employée pour :

> « *désigner l'ensemble des mesures auxquelles un régime fraîchement installé à la suite d'un conflit armé ou d'une crise politique a recours pour affronter les violations massives et/ou systématiques des droits de l'homme ayant eu lieu avant la transition, afin de promouvoir la transformation de la société, faciliter la réconciliation et favoriser l'établissement de l'État de droit et de la démocratie* »[16].

De façon plus générale, la justice transitionnelle repose sur quatre « piliers » qui sont : la recherche de la vérité, les poursuites judiciaires, les réparations et les réformes institutionnelles pour garantir la non-répétition de la violence.

En l'absence de ces quatre piliers, l'effectivité de la justice transitionnelle serait impérativement compromise. Cette justice particulière gagne de plus en plus autant d'avancées déterminantes dans le processus de lutte contre l'impunité des violations graves des droits de la personne humaine.

Ses piliers coïncident concrètement avec des obligations générales que le droit international met à la charge des Etats lorsque surviennent de telles violations[17].

Les Etats ont donc l'obligation d'enquêter sur les violations graves des droits de l'homme. Ils doivent en même temps prendre des mesures adéquates à l'égard des auteurs de ces violations, notamment dans le domaine de la justice, pour punir des coupables par jugements et condamnations à des peines appropriées[18]. Les Etats ont également l'obligation d'assurer aux victimes des voies de recours efficaces et de veiller à ce qu'elles reçoivent réparation du préjudice subi. Enfin, il faudrait que les Etats garantissent le droit inaliénable de connaître la vérité sur ces violations et prennent des mesures destinées à éviter que de telles violations ne se reproduisent[19].

De façon plus simple, les concepts de fond de la justice transitionnelle se

---

[16] TURGLS, N., « La justice transitionnelle : un concept discuté » in *Les Cahiers de la justice*, mars 2015, n° 3, pp. 333-342 consulté sur le site https://www.cairn.info/revue-les-cahiers-de-la-jistice-2015-3-page-333.htm le 4/6/2021

[17] M. CAROL, et CHRISTIAN, P., *La justice transitionnelle : une voie vers la réconciliation et la reconstruction d'une paix durable*, Conference Paper 1/2011

[18] Observation Générale n° 36 de l'article 6 du Pacte international relatif aux droits civils et politiques

[19] *Ibd.*

systématisent en le droit de savoir, droit à la justice, droit à réparation et droit aux garanties de non-répétition. Ainsi, les objectifs de la justice transitionnelle se révèlent vastes et incontestablement ambitieux : il s'agit de répondre aux revendications individuelles de justice, répartir les responsabilités, (r)établir la vérité, réparer les conséquences du conflit, restructurer les institutions et promouvoir la réconciliation et le respect du droit, afin d'établir les bases solides d'un État à même de prévenir la résurgence de telles violations[20].

L'existence de la justice transitionnelle en tant que concept peut être remise en cause. D'une part, les initiatives de justice transitionnelle apparaissent souvent loin des besoins et des demandes des victimes et des populations concernées[21]. En effet, lors des négociations des accords de paix, les victimes qui auraient plus souffert des violations ou du conflit sont absentes, et que les concessions mutuelles que s'arrachent les parties au conflit se négocient souvent aux dépens des plus touchés[22]. C'est la raison pour laquelle les initiatives de traitement du passé doivent être conduites au niveau national, dans le cadre d'un processus d'appropriation de nature à en garantir la légitimité et la pérennité.

Une importation brute d'un modèle extérieur doit être évitée. Toutefois, les praticiens peuvent apporter une aide précieuse en faisant part des bonnes expériences acquises dans d'autres circonstances. Pour une effective appropriation du processus de la justice transitionnelle, une implication réelle des victimes s'avère plus que nécessaire.

I.1.2. Justice transitionnelle au Burundi

Au Burundi, les mécanismes de la justice transitionnelle émane de l'Accord d'Arusha pour la Paix et la Réconciliation de 2000. Ce mécanisme a tardé suite à l'existence du dernier mouvement rebelle Palipehu-Fnl d'une part, et au manque de « volonté politique d'autre part ». En 2005, suite à l'évaluation d'une équipe d'Experts de l'ONU sur l'opportunité de la mise en place de la Commission Internationale d'Enquête Judiciaire (CEJI), ces mécanismes ont été affinés avec le Rapport Kalomoh du 11 mars 2005 suivi de la Résolution1606/2005 et du mémorandum du gouvernement adopté en

---

[20]N. TURGLS, *Op.cit.*, pp. 333-342
[21]*Ibd.*
[22]M. CAROL, et P. CHRISTIAN, *Op.cit.*, p. 56

mars 2006 : une Commission Vérité et Réconciliation et un Tribunal Spécial étaient prévus jusque-là[23].

Si aujourd'hui, au Burundi, la CVR est régie par une loi qui n'envisage pas le Tribunal Spécial, c'est parce qu'il n'y aurait pas eu une entente entre le gouvernement du Burundi et l'ONU sur sa mise en place. Cette mésentente se situerait au niveau du respect des normes internationales sur l'imprescriptibilité, l'amnistie et le pardon de certains crimes comme on peut le lire dans la lettre du 19 décembre 2011 de la Haute-Commissaire des Droits de l'homme, Navanethem Pillay, et de la Secrétaire générale aux affaires juridiques, Patricia O'Brien, adressée au Ministre des Relations extérieures de l'époque :

> « *Nous réitérons aussi la position de principe de l'ONU qu'aucune amnistie ne peut être accordée pour le crime de génocide, les crimes de guerre, les crimes contre l'humanité, les crimes de violence sexuelle ou les violations graves des droits humains. Ce principe doit être reflété expressément dans la loi établissant la Commission. De surcroît, l'ONU n'est pas en mesure d'accepter que les immunités provisoires accordées par les textes de loi du 21 Novembre 2003 et du 22 novembre 2006 ou de règlement adoptés conformément aux différents accords de Paix puissent être un obstacle à la poursuite et au jugement des personnes responsables de tels crimes. Dès lors, l'ONU se félicite de l'affirmation claire de l'article 78 de l'avant-projet de loi selon laquelle le dépôt par la Commission Vérité et Réconciliation de son rapport final mettra fin aux immunités provisoires accordées par les textes de loi ou de règlement cités* »[24].

Tous ces principes ci-haut énumérés n'apparaissent nulle part dans la loi régissant la CVR qui a été mise en place en 2014. Ainsi, à titre d'exemple, à l'article 61 de cette loi, on y lit qu'il y aura une possibilité d'accorder le pardon :

---

[23]THARS, *Etude sur les besoins en accompagnement psychosocial des victimes lors du processus de la justice transitionnelle et particulièrement pendant la phase de préparation et d'exécution de la CVR au Burundi*, THARS, avril 2012, p. 1

[24]Lettre du 19 décembre 2011 de la Haute-Commissaire des Droits de l'homme, Navanethem Pillay, et de la Secrétaire générale aux affaires juridiques, Patricia O'Brien, adressée au Ministre des Relations extérieurs Laurent Kavakure. Ces autorités onusiennes faisaient un commentaire sur le projet loi de la CVR.

> « *Dans l'objectif d'un rapprochement et d'une réconciliation entre les victimes et les présumés auteurs, la Commission élabore une procédure par laquelle les victimes peuvent accorder le pardon aux auteurs qui le demandent et expriment des regrets* »[25].

C'est pour dire que la manière dont l'ONU concevait CVR avant sans mise en place est un peu différente de la CVR qui est à l'œuvre aujourd'hui avec la loi de 2014 et celle de 2018.

I.2. Notions de Victime dans le cadre de conflits violents

La notion de victime a évolué tout au long de l'histoire. A l'origine, « victime » est un terme du lexique sacré. Au 17ème siècle, il s'est doté d'une connotation morale et d'une définition infractionnelle. Plus tard, se sont ajouté les notions de victimisation fortuite et accidentelle. Depuis, le concept n'a cessé de s'amplifier de nouvelles nuances. Actuellement, on distingue des victimes de la criminalité, de harcèlement, de violence organisée, de difficultés de la vie, d'injustice sociale, de catastrophe naturelle, d'accident, d'erreur médicale, de terrorisme, de torture et de mauvais traitements, de traditions culturelles dommageables[26], etc.

Au cours des années 1980, le concept de victime a fait le gain de sa popularité. En caricaturant à peine, on peut dire qu'aujourd'hui, est victime toute personne qui se considère comme telle. Le sujet victimisé se répand, peu importe l'origine de sa victimisation. Selon Evelyne J. :

> « *Cette vulgarisation provoque une confusion entre victimisation réelle et sentiment d'insécurité, difficulté psychologique personnelle, etc. En effet, certaines personnes confondent frustration, colère, chagrin, peur, etc. avec l'atteinte physique, morale ou psychologique de la victimisation* »[27].

Dans le dictionnaire Larousse, on définit la victime comme une personne : « *qui sacrifie volontairement sa vie, son bonheur, qui a subi un mal, un dommage,*

---

[25]Loi du 6 novembre 2018 portant révision de la Loi du 15 mai 2014portant création, mandat, composition, organisation et fonctionnement de la CVR
[26]Entendez ici des mutilations génitales, mariages forcés, etc. Voir JOSSE Evelyne, Victime, « une épopée conceptuelle », 2006, p. 4 disponible sur http://www.resilience-psy.com/IMG/pdf/victime_definitions.pdf
[27]*Idem*, p. 7

qui est atteint d'une maladie, d'un mal subit, qui pâtit des effets d'une situation, d'événements, de choses néfastes »[28].

Le dictionnaire Le Robert donne des définitions un peu différentes des celles qui précèdent. Selon ce dictionnaire, la victime est une « *créature vivante offerte en sacrifice aux dieux ; Personne qui subit les injustices de quelqu'un, ou qui souffre (d'un état de choses) ; Personne tuée ou blessée* »[29].

La Résolution 40/34 de l'Assemblée Générale des Nations Unies[30] définit les "victimes" comme étant des personnes qui, individuellement ou collectivement, ont subi un préjudice, notamment une atteinte à leur intégrité physique ou mentale, une souffrance morale, une perte matérielle, ou une atteinte grave à leurs droits fondamentaux, en raison d'actes ou d'omissions qui enfreignent les lois pénales en vigueur, y compris celles qui proscrivent les abus criminels de pouvoir. Selon toujours les Nations Unies, une personne peut être considérée comme une "victime" si l'auteur est ou non identifié, arrêté, poursuivi ou déclaré coupable, et quels que soient ses liens de parenté avec la victime. Le terme "victime" inclut aussi, le cas échéant, la famille proche ou les personnes à la charge de la victime directe et les personnes qui ont subi un préjudice en intervenant pour venir en aide aux victimes en détresse ou pour empêcher la victimisation.

L'Accord d'Arusha pour la paix et la réconciliation du Burundi précise, pour le cas des crises politico-ethniques au Burundi, les principales victimes de l'insécurité et de la violence dans les termes suivants :

> « *La nation, certains cadres politiques et les personnes contraintes à l'exil ou obligées de quitter leur lieu de résidence habituelle pour se rendre dans des zones d'installation ou vivre dans des camps. Ce sont aussi les individus, les groupes et catégories de la population, tant hutu que tutsi, ciblés sur la base de leurs convictions ou de leur appartenance politique et sur la base de leur origine ethnique*[31] ».

Selon la loi de 2018 régissant la CVR du Burundi, par « victimes », on

---

[28] Larousse, Définitions, victime, 2020 disponible sur le site consulté le 25/11/2021 https://www.larousse.fr/dictionnaire/francais/victime/81855
[29] Le Robert, *Définitions : Victime*, 2020, consulté sur le site https://dictionnaire.lerobert.com/definition/victime le 25/11/2021
[30] Résolution 40/34 de l'Assemblée Générale sur les principes fondamentaux de justice relatifs aux victimes de la criminalité et aux victimes d'abus de pouvoir, en 1985
[31] Accord d'Arusha pour la paix et la réconciliation au Burundi, 28 août 2000

entend des « *personnes qui ont souffert directement des violences et/ou leurs ayant droits* »[32]

De manière plus général les victimes sont des blessés (physiques et/ou psychologiques), torturés, prisonniers[33], réfugiés, ex-combattants, déplacés, ceux qui ont interrompu les études, ceux qui ont perdu les biens, handicapés de guerres (mentales et/ou physiques), les orphelins, les veuves/veufs, les personnes disparues[34], les enfants soldats, les ex-combattants, etc. A toutes ces catégories, il faut ajouter les proches qui ont été touchés d'une façon ou d'une autre.

Le degré d'implication de chaque victime dans l'événement nous amène à faire une typologie des victimes. Ainsi, on distingue la victime directe (primaire) et la victime indirecte (secondaire). Les victimes directes sont celles qui ont subi les effets directs de la violence. Elles ont été tuées ou abusées physiquement et psychologiquement, détenues, discriminées, etc.[35]. La victime directe est une personne qui a expérimenté ou a été témoin d'un incident inopiné et violent qui blesse ou menace physiquement et/ou psychologiquement et qui la confronte avec la mort comme réelle ou possible[36]. Dans ce sens cet événement produit une peur intense et/ou un sentiment d'impuissance et/ou d'horreur. Toutefois, dans certains cas, il peut il y arriver que la personne n'ait rien ressenti de tel car elle s'est dissociée de ses émotions.

La victime indirecte est définie comme étant une personne qui n'a pas été témoin de l'événement. Mais celle-ci est concernée par l'événement et/ou par ses conséquences de par sa proximité émotionnelle (expérience émotionnelle) avec la victime directe[37]. Les victimes indirectes ou secondaires sont toutes

---

[32]Voir l'article 1 de la loi n° 1/022 du 6 novembre 2018 portant modification de la loi no1/18 du 15 mai2014 portant création, mandat, composition, organisation et fonctionnement de la Commission Vérité et Réconciliation

[33]Au cours de la période de la crise au Burundi, plusieurs prisonniers étaient maintenus en détention pour de longues périodes, sans charges ni procès. A cette époque d'une façon assez vague, on parlait de prisonniers politiques. Voir le site ttps://reliefweb.int/report/burundi/burundinégociations-le-procureur-préconise-un-débat-sur-les-prisonniers-politique consulté le 24/11/2021

[34]Ce sont des personnes dont les familles sont sans nouvelles et/ou qui, selon des informations fiables ont été rapportées comme disparues en raison d'un conflit armé international ou non international, ou de toute autre situation de violence.

35International Institute for Democracy and Electoral Assistance (IDEA), *La réconciliation après un conflit violent: Un manuel*, Traduction de Francis Vallée, Stockholm, 2003, p. 68

[36]JOSSE, E., *Op. Cit.*, p. 13

[37]International Institute for Democracy and Electoral Assistance (IDEA), *La réconciliation*

les personnes proches[38] d'une victime primaire perturbées par l'expérience de cette dernière. Les victimes secondaires sont aussi appelées victimes par ricochet surtout dans le domaine de la justice. Ces victimes sont liées aux victimes directes d'une façon telle qu'elles aussi souffrent en raison de ce lien.

Selon la Déclaration de la Commission des droits de l'homme des Nations Unies :

> « *Les victimes indirectes sont les membres de la famille d'une victime directe. Ces membres connaissent souvent des épreuves et des souffrances extrêmes en raison des souffrances d'un membre de la famille ou parce qu'ils sont punis en raison de leur relation avec cette personne (perte grave de droits socio-économiques, deuil, perte d'une source de revenus, absence d'opportunités éducatives, décomposition de la famille, intimidation ou humiliation par la police). La déclaration parle également des personnes qui souffrent parce qu'elles sont intervenues pour aider une victime ou pour empêcher d'autres violations*»[39].

Même s'il y en a qui contestent l'importance de faire cette distinction de victimes directes et de victimes indirectes, certains observateurs travaillant sur ce point élargissent le champ de la victime indirecte en y incluant les voisins, les amis et les témoins de victimes directes. C'est dire tous ceux qui peuvent avoir été traumatisés par ce qu'ils ont vécu.

Il existe aussi des victimes potentielles ou tertiaires qui sont constituées par l'ensemble des personnes d'un groupe de la population (groupes professionnels, d'âge, d'orientation sexuelle, de genre, d'appartenance ethnique ou religieuse, de catégorie sociale, voire des groupes plus larges encore tels qu'une nation ou la population mondiale) vraisemblablement affectées ou perturbées par un événement majeur touchant un individu ou un ensemble d'individus (victimes directes) appartenant au même groupe[40]. Les victimes tertiaires peuvent connaître personnellement les victimes directes ou n'avoir jamais entretenu aucun lien avec elles.

---

après un conflit violent: Un manuel, Traduction de Francis Vallée, Stockholm, 2003, p. 68
E. JOSSE, *Op. Cit.*, p. 13
[38]Pour une seule victime directe, il peut y avoir de nombreuses victimes indirectes : la famille de la victime directe, ses amis, ses collègues, ses voisins, etc.
[39]International Institute for Democracy and Electoral Assistance (IDEA), *Op. Cit.* p. 68
[40]E. JOSSE, *Op. Cit.*, p. 14

On distingue enfin, les Victimes de première et de deuxième génération. La première catégorie comprend ceux qui ont été victimisées de leur vivant. Mais des études ont montré que « *leurs enfants, et même parfois leurs petits-enfants, doivent supporter les conséquences de ce qui s'est passé et peuvent se sentir et se comporter en victimes, en affichant des blessures et une amertume profondes* ».[41] Selon l'IDEA, le traumatisme peut être transmis. Cette seconde génération des victimes, absorbe et retient la douleur et le chagrin, consciemment ou inconsciemment. Cet « héritage » de la situation de victime peut menacer l'avenir d'une société.

Enfin, dans la compréhension du concept de victime, on peut se baser sur deux approches. La première approche sociologique et psychologique conçoivent qu'une personne qui s'estime victime le soit effectivement ce qui en va autrement d'un point de vue juridique[42]. En effet, dans le domaine juridique sont reconnues victimes seules les personnes ayant subi un délit ou un crime relevant du droit pénal. Ici, nous insistons surtout sur cette première approche pour pouvoir comprendre les besoins des victimes dans le cadre de la justice transitionnelle.

I.3. Notion de besoin dans la théorie de la résolution des conflits

Un chercheur abordant l'analyse du concept de besoin se trouve confronté à d'innombrables définitions et classifications difficilement comparables entre elles et qui répondent à des critères différents. Selon Cortesi F., le besoin est souvent employé dans une acception forte simple, comme synonyme de manque, ou de nécessité. Certains auteurs ont tendance à réduire les besoins à un besoin fondamental, à l'identifier à une force, à une impulsion biologique, à un instinct, dont ils ne seraient que des manifestations ou des modalités[43]. Cette notion est souvent confondue à la fois avec des termes voisins, comme celui de désir, d'aspiration et d'intérêt. Pour remédier à l'ambiguïté du concept

---

[41]International Institute for Democracy and Electoral Assistance (IDEA), *Op. Cit.* p. 68

[42]L. FERRANDIS, *La responsabilité de l'Etat dans la victimisation : le cas particulier des victimes du terrorisme*, Travail de fin d'étude de Master en Criminologie, Université de Liège, 2019-2020, p. 7

[43]F. CORTESI, la notion de besoin: essai de conceptualisation, consulté le 26/11/2021 sur le site https://sharepoint.uclouvain.be/sites/rsa/Articles/1978-IX-2_04.pdf

de besoin, certains auteurs ne les définissent pas à partir du sujet, mais à partir du système social et à partir des objets[44].

Les théories des besoins reposent sur l'idée que l'homme éprouve un certain nombre de besoins qu'il va tenter de satisfaire par ses actions[45]. La notion de besoin peut être aussi un instrument empirique pour mesurer le malaise d'un groupe déterminé dans une situation précis. C'est elle qui pourrait également être instrument de mesure du degré de satisfaction des besoins pour un groupe donné.

Quant à Maslow A., il a établi une hiérarchisation des besoins sur une pyramide. Cette pyramide comporte six niveaux. A la base, on y trouve les besoins primaires visant la sécurité ontologique ; au centre les besoins secondaires tels que la considération et la participation ; enfin, au sommet, les besoins tertiaire d'indépendance et de réalisation de soi.

Selon Maslow, une fois que les besoins primaires ne sont pas satisfaits, il est vain de vouloir satisfaire les besoins secondaires et ainsi de suite[46]. Plutôt, la satisfaction des besoins primaires accroît la demande de satisfactions des besoins secondaires.

Dans le domaine de résolution des conflits, John Burton a trouvé une réponse aux conflits prolongés par l'application de la théorie des besoins humains dans son approche de la résolution des problèmes. La théorie des besoins humains explique que les conflits prolongés ont pour origine le refus de satisfaire l'un ou plusieurs besoins humains fondamentaux, comme la sécurité, l'identité ou la reconnaissance[47]. Cette théorie distingue les intérêts des besoins : les intérêts composés essentiellement de biens matériels, sont vendables, négociables ou échangeables. Néanmoins, les besoins, étant non matériels, ne peuvent pas faire l'objet d'échanges commerciaux ou satisfaits par des jeux de pouvoir. Pour John Burton, des conflits naissent de l'incompréhension des besoins des autres. Certains de ces besoins sont liés à l'épanouissement et au développement de l'être humain, et relèvent un caractère fondamental, particulièrement quand ils sont exprimés par des individus, des groupes identitaires engagés dans un conflit.

---

[44]*Idem*

[45]A-M. DIEU, *Valeurs et associations : Entre changement et continuité*, Paris, L'Harmattan, 1999, p. 21

[46]*Idem*, p. 22

[47]L. NDAYISABA, *Introduction à l'etude des conflits et de la paix*, Syllabus de cours en Master Complémentaire en Droits de l'Homme et Résolution Pacifique des conflits, Bumbura, Année académique 2020-2021, p. 69

Dans une société qui a connu des violations massives des droits de la personne humaine, les victimes deviennent une catégorie particulière de la population avec des besoins spécifiques. Cette catégorie nécessite une attention particulière pour éviter une seconde victimisation[48].

Selon Symonds, la seconde victimisation fait référence à une perception de la victime, selon laquelle la victime n'est pas acceptée ni soutenue par les autres. Les victimes recherchent un appui et de la chaleur humaine, mais elles sont incapables de l'exprimer, ce qui fait que ces attentes ne seront pas toujours comblées. La victimisation secondaire est la réaction de la victime dont les attentes, qui restent sous-jacentes, ne sont pas comblées[49]. Elle provoque un sentiment de rejet et d'isolement.

Ainsi, la victime n'est pas dans cette situation de victime une fois pour toutes. Elle peut être « revictimisé». Il peut arriver qu'une personne qui est déjà la victime de violences politiques, ethniques ou religieuses subisse de nouvelles brimades après la disparition de la cause directe de la victimisation. Les sources de ce qu'on appelle victimisation secondaire ont tendance à apparaître de l'une ou de plusieurs des façons suivantes: « *dénégation du statut de victime ; attentes non satisfaites dans les rapports avec les organismes officiels ; effets non désirés d'initiatives centrées sur la victime ; stigmatisation et exclusion sociales* ».[50]

Dans leur situation victimaire, les victimes se retrouvent dans un large éventail de relations avec toute une série d'acteurs gouvernementaux et non gouvernementaux comme la police, les juges, les fonctionnaires, les journalistes et les professionnels des associations d'aide aux victimes. Dans ces relations, les victimes attendent qu'on leur manifeste compréhension, sympathie et réconfort. Mais en fait, les actions et les réactions de ces personnes peuvent tout simplement provoquer une douleur supplémentaire[51].

Dans le domaine de la résolution des conflits, on voit que les besoins de victimes constituent un enjeu primordial. Mais, il arrive que les victimes

---

[48]Sur ce sujet voir International Institute for Democracy and Electoral Assistance (IDEA), *La réconciliation après un conflit violent: Un manuel*, Strömsborg, 2004, p. 76.

[49]La seconde victimisation et les besoins des victimes, Presses de l'Université de Montréal, 2003, consulté sur http://www.openedition.org/6540, le 27/8/2021. Voir aussi Mylène Bureau, *Sentiment de justice chez les personnes victimes : le rôle de l'information et du contact humain*, École de criminologie de la Faculté des Arts et des Sciences, Université de Montréal, Mémoire présenté à la Faculté des études supérieures en vue de l'obtention du grade de Maîtrise en Criminologie, 2017

[50]International Institute for Democracy and Electoral Assistance (IDEA), *Op.Cit.*, p. 76

[51]IDEA, *ibd.*

subissent une seconde victimisation. Pour se soutenir mutuellement et pouvoir porter leur voie plus loin, le plus souvent, les victimes se mobilisent dans des associations des victimes ou des rescapés.

I.4. Généralités sur les associations des victimes

Selon le Pacte International relatif aux Droits civils et Politiques : « *Toute personne a le droit de s'associer librement avec d'autres, y compris le droit de constituer des syndicats et d'y adhérer pour la protection de ses intérêts* »[52]. Presque de la même manière, la Charte africaine des droits de l'homme et des peuples stipule que : « *Toute personne a le droit de constituer librement des associations avec d'autres, sous réserve de se conformer aux règles édictées par la loi* »[53]. La liberté de s'associer est aussi prévue par la Constitution burundaise. Son article 32 garantie la liberté d'association, de même que le droit de fonder des associations ou organisations conformément à la loi[54]. Donc, les associations des victimes œuvrent dans la légalité au Burundi.

Les associations de victimes font partie de ce qu'Anne-Marie Dieu appelle « *organisations volontaires* ». On appelle organisations volontaires les organisations présentant deux caractéristiques communes. Quel que soit leur domaine d'intervention et leur mode de fonctionnement interne, ces organisations appartiennent au secteur non marchand et les personnes y travaillant le font, dans leur majorité, à titre bénévole[55]. Ce sont des associations sans buts lucratifs (ASBL). L'argent collecté par ces associations est totalement réinvesti dans la réalisation de leur objet social. Aussi, ces associations sont indépendantes, du moins juridiquement, de l'Etat.

Les associations des victimes fondent une sorte de communauté occasionnelle et temporaire à partir de la condition de victime. Occasionnelle, au sens de l'événement, et temporaire, au sens de l'action. Il existe de multiples façons de se saisir du discours victimaire aujourd'hui. Une analyse fine des associations des victimes nous amène à comprendre comment les victimes s'approprient cette condition de victime, non pour s'y enfermer, mais justement pour se faire entendre et pour faire entendre des préjudices endurés[56]. Elles

---

[52] Pacte International relatif aux Droits civils et Politiques, article 22.1
[53] Charte africaine des droits de l'homme et des peuples, article 10.1
[54] Constitution de la République du Burundi, article 32
[55] A-M. DIEU, *Op. Cit.*, p. 9
[56] International Institute for Democracy and Electoral Assistance (IDEA), *Op. Cit.* p. 78

couvrent toute une série d'activités dans le domaine de l'émancipation des victimes considérées comme prérequis à toute politique de la réconciliation.

Comme on l'on voit les associations des victimes peuvent jouer un rôle non moins important dans le domaine de la réconciliation après un conflit violent. Au contraire, l'état de victime passive où les personnes évitant de faire état de leurs souffrances et de leurs traumatismes par le silence, le désengagement et la résignation, est un ennemi de la réconciliation[57]. En effet, ce comportement de la victime peut bloquer le retour de l'intégrité même et de la confiance en soi de la victime. Ce même comportement peut également tenter les agresseurs ou leur donner libre choix à définir et à organiser la réconciliation comme un pardon et un oubli sans douleur. Cela étant, selon IDEA, l'émancipation de la victime devient une façon d'échapper à sa position de soumission et prérequis à toute politique de réconciliation. Qu'en est-il au Burundi où il y a plusieurs organisations des victimes ?

I.5. Associations des victimes au Burundi

Les crises politico-ethniques récurrentes qui se sont abattues sur le Burundi ont été à l'origine de plusieurs milliers de victimes. Cette situation macabre a engendré la naissance des associations des victimes au Burundi. On retient, entre autres, ASRPH/Kivyuka, AVOD, AMEPCI, ALM/Buta, ARG-Amira/Kibimba, AC-Génocide Cirimoso, ARGEBU/Bugendana, Collectif des Survivants et Victimes du génocide contre les Hutus du Burundi en 1972 (avant et après), ADEN/Ntega, Zirikana UB-95, etc.

De ce qui précède, on remarque l'une de leurs principales caractéristiques : la plupart sont des associations à vocation urbaine. Ainsi ses membres, ses représentants et leurs sièges se trouvent souvent à Bujumbura. Il est rare de trouver de tels rassemblements des victimes dans les campagnes. Au contraire, on peut facilement y trouver des associations pour l'auto-développement agricole et pastoral. Une autre caractéristique, certaines associations rassemblent des victimes qui ont subi les mêmes violations (Buta, Kibimba, Kivyuka, Bugendana, etc.). Comme le souligne une victime elle-même : « *Nous avons eu le choix de s'associer pour rester serein comme des frères parce que nous sommes victimes d'une même violation* »[58].

---

[57]International Institute for Democracy and Electoral Assistance (IDEA), , *Op. Cit.* p. 78
[58]Entretien avec une victime, Bujumbura, le 22/02/2022

Tableau : Catégories des associations des victimes du CARAVI selon les violations subies

Associations des victimes qui ont subi les mêmes violations	Associations des victimes qui n'ont pas subi les mêmes violations
ALM /Buta	AVOD[59]
ARG-Amira/Kibimba	AMEPSI
ASRPH/Kivyuka	AC-Génocide
ARGEBU/ Bugendana	

Source : nous-même

Ces associations des victimes pourraient être considérées comme un cadre d'expression des besoins des victimes. Dans ce sens, la voix des victimes devient un levier rassembleur pour mobiliser les volontés nationales et internationales. Presque tous les programmes de réconciliation, notamment dans le domaine de la cicatrisation et de la divulgation de la vérité, visent à donner aux victimes d'un conflit brutal le pouvoir de s'assumer[60].

Cependant, cette voix est plurielle et encore parfois dissonante au Burundi[61]. Les associations de victimes burundaises, tout comme les initiatives en matière de constitution de listes des victimes ou des disparus forcés furent longtemps éparses. L'absence de réseau des associations de victimes fut un grand obstacle à leur visibilité sur la scène publique et au relais de leurs revendications. Elles avaient adopté une démarche individualiste ce qui conduisait à une sorte de concurrences des victimes. Cette concurrence se traduit par le fait que Hutu et Tutsi entretiennent sélectivement des douleurs et organisent séparément des journées de mémoire pour leurs propres victimes en vivant ces commémorations comme la négation de la douleur de l'autre groupe[62].

Toutefois, cette configuration a subi des changements à partir du mois d'avril 2011. C'est au moment où le CENAP a organisé en partenariat avec l'AMEPCI et avec le soutien de toutes les associations actives des victimes,

---

[59] Il semble qu'au départ l'AVOD aurait été constituée par les veuves et orphelins des dignitaires assassinés en 1993-1995 mais, au fur des années, elles ont intégré d'autres veuves et orphelins des années antérieurs et postérieures.

[60] International Institute for Democracy and Electoral Assistance (IDEA), , *Op. Cit.* p. 78

[61] E. MATIGNON, *Justices en mutation au Burundi, Op.cit.,* p. 76. Cette pluralité réside en l'existence de maintes associations des victimes et la dissonance se situe au niveau de la concurrence entre les victimes.

[62] CENAP, *Traiter du passé et construire l'avenir: La place de l'histoire dans la thérapie collective*, Bujumbura, 2010, pp. 12-13. Voir aussi CENAP, *Rapport de mise en œuvre des recommandations issues de la recherche sur la thématique: Justice Transitionnelle*, Bujumbura, décembre 2011, pp. 8-18

un panel diffusé sur les 6 principales radios et 2 jours de recueillement et témoignages pour célébrer le 39ème anniversaire des massacres de 1972[63]. Des parlementaires, des cadres des ministères, des leaders de partis politiques ont participé à ces activités. Etaient aussi présents des porte-voix des victimes Hutu de 1972 ainsi que ceux des massacres des années ultérieures : AC-Génocide Cirimoso (Tutsi de 1993), des jeunes élèves Tutsi massacrés au lycée de Kibimba (en octobre 1993), des étudiants Hutu de l'Université du Burundi (1995), des Petits Séminaristes Hutu et Tutsi de Buta (30 avril 1997), AVOD (veuves et orphelins du coup d'Etat sanglant d'octobre 1993.

Ayant été sensibilisées par la semaine de commémoration des massacres de 1972, des associations des victimes ont participé collectivement à nouveau au mois de juillet 2011 à la commémoration des victimes du massacre des déplacés de Bugendana[64]. Les associations représentées à Bugendana étaient : ALM Buta pour les rescapés et victimes du massacre du Buta, AMEPCI Girubuntu (association luttant pour la mémoire de toutes les victimes de différentes séquences de violences), ASRPDH pour les rescapés et victimes de Kivyuka (Musigati), AVOD, ARG-Amira pour les rescapés et victimes de Kibimba. C'est de telles initiatives qu'est né un Collectif des associations des victimes dénommé CARAVI.

Au départ le CARAVI (Centre d'Appui et de Réflexion des Associations des Victimes des conflits sociopolitiques) a été créé à l'initiative du CENAP et de l'AMEPSI en 2011 à partir d'une autre initiative consistant à faciliter les réunions des victimes et à soutenir les cérémonies de commémorations collectives. Ceci étant dans l'objectif d'éviter que les Tutsi et les Hutu continuent d'entretenir sélectivement leurs douleurs et d'organiser séparément les journées de mémoire pour leurs propres victimes[65]. C'est dans ce contexte qu'en octobre 2011, plusieurs associations de victimes dont ASRPDH, AVOD, APMEPCI, AGR-Amira, ALM, AC-GENOCIDE Cirimoso, ARG, ont participé régulièrement à des réunions d'échange. C'est à cette période que ces associations ont signé un mémorandum d'entente des associations des victimes instituant le CARAVI afin d'accompagner leurs membres respectifs dans les processus de la justice. Cet acronyme a changé de signification. Actuellement, le CARAVI est agréé

---

[63]CENAP. *Rapport de mise en œuvre des recommandations issues de la recherche sur la thématique: Justice Transitionnelle*, Op. Cit., p.14

[64]CENAP, *idem*, p.15

[65]Rapprochement des associations des victimes disponible sur le site cenap.bi consulté le 25/7/2021

au Ministère de l'Intérieur sous la dénomination de Collectif des Associations pour la Réconciliation et l'Appui aux Victimes des conflits sociopolitiques au Burundi. C'est ce collectif qui fait objet de notre travail.

Le CARAVI, représente une certaine unité entre les victimes des différentes séquences de crises ou de tueries. C'est ce que raconte une des victimes interrogée :

> « *Ça faisait la peine que tous ces gens qui ont perdu les leurs s'unissent pour partager les souffrances et pour comprendre que chacun a perdu le sien. Ils comprennent qu'ils ne sont pas bourreaux entre eux plutôt qu'ils cherchent la même chose : la dignité des leurs* ».

Comme le témoignent un membre d'une association, les Hutu et les Tutsi victimes de différentes crises se sont mis ensemble pour galvaniser leur force. C'est une façon de reconnaissance mutuelle des souffrances de « l'Autre ». Et d'ailleurs, le GIZ, qui a soutenu les activités de commémoration et certaines formations, était stupéfié de cette solidarité entre les associations des victimes[66].

Pour clore ce chapitre, nous avons vu que la justice transitionnelle n'existe pas sans victimes. Or, les victimes sont de plusieurs catégories en fonction de la façon dont la violence touche la chacune des victimes. La victime étant une personne en situation de besoins multiples, la réconciliation devient de plus en plus possible quand les besoins des victimes sont tenus en compte. Etant donné qu'il arrive que les besoins des victimes soient ignorer, celles-ci, pour peser lourd, se rassembler dans des associations des victimes.

---

[66]Entretien avec une victime, Bujumbura, le 23/02/2022

2

TRAITEMENT DES BESOINS DES VICTIMES DANS L'HISTOIRE DU CONFLIT POLITICO-ETHNIQUE BURUNDAIS JUSQU'EN 2014

Dès 1965[67], le Burundi a été en proie des violences ethniques. Ces violences ont produits plusieurs milliers de victimes. Depuis 2000[68], on cherche des solutions durables pour mettre décidément fin à ces crises récurrentes. Dans ce chapitre, nous analysons la manière dont la question des victimes a été géré depuis 1965 jusqu'en 2014[69]. Les catégories (et/ou les éléments) des victimes qui seront visées ici sont : les réfugiés et les déplacés, les veuves et orphelins, les ex-combattants et/ou démobilisés, la gestion des morts et des monuments. Avant de clore ce chapitre, nous développerons un autre point : l'invisibilité sociale des victimes.

II.1. Question des réfugiés, des rapatriés et des déplacés au Burundi

Au Burundi, les premiers flux des réfugiés datent de l'an 1965. Mais, c'est avec l'année 1972 que ce mouvement a atteint son paroxysme avec le départ en exil de plusieurs dizaines de milliers de personnes fuyant des tueries de

---

[67]Cette année correspond à l'assassinat du Premier ministre Pierre Ngendandumwe, aux massacres de Busanga en province Muramvya et l'exécution des députés Hutu suite au procès lié à ces massacres.
[68]Date de la Signature de l'Accord d'Arusha : le 28 août 2000
[69]Date de la signature du cessez-le-feu par le dernier mouvement rebelle

masse qui s'abattirent sur le pays. La seconde vague des réfugiés est constitué de ceux qui ont quitté le pays à la suite de l'assassinat du Président Melchior Ndadaye et de ses principaux collaborateurs et la guerre civile qui en est suivi (de 1993 jusqu'en 2008). Delà d'autres vocables de « sinistrés » étaient en vogue pour désigner toutes les personnes déplacées, qu'elles soient regroupées ou dispersées, ainsi que les rapatriés, c'est-à-dire les réfugiés qui ont pris la décision de rentrer au pays[70].

Une question reste de savoir les modalités de la gestion de cette question à cette époque. Selon Julien Nimubona, jusqu'en 1977, la question des réfugiés ne fut jamais abordée par le gouvernement du Burundi sauf pour demander au gouvernement du président Habyarimana du Rwanda d'éloigner des frontières burundaises ou de contrôler ceux qu'il considérait comme des « rebelles »[71].

Selon cet auteur, les réfugiés sont devenus jeu et enjeu des luttes politiques internes et même régionales de telle façon qu'ils étaient présentés par les gouvernants comme des « dangers » à éloigner et non à apprivoiser[72].

Selon Gatunange, les régimes qui se sont succédé ont tenté de trouver une solution à la question de leur réintégration dans leurs droits en mettant sur pied des Commissions mais sans succès[73].

Depuis l'année de 1977, les pouvoirs étatiques ont fait recours à des commissions spéciales dans le cadre de trouver une solution aux conflits fonciers des sinistrés et des rapatriés (1977, 1991, 2002, 2006, 2009, 2011 et 2013)[74]. Mais pour d'autres problèmes des victimes, l'intervention étatique serait restée très limitée.

En plus, pour résoudre le problème de terres, il a fallu attendre la CNTB qui émane de l'Accord d'Arusha. Selon cet Accord, dans son protocole IV. Art. 2, le rapatrié « *doit recouvrer ses droits de citoyen et récupérer ses biens selon la loi en*

---

[70]G. GATUNANGE, *La problématique foncière dans la perspective du rapatriement et de la réinsertion des sinistres*, Rapport de l'OAG, Bujumbura, novembre 2005, p. 5
[71]J.NIMUBONA, « Mémoires de réfugiés et de déplacés du Burundi : lecture critique de la politique publique de réhabilitation » in GUICHAOUA André, *Exilés, réfugiés, déplacés en Afrique orientale et centrale*, Paris, Karthala, 2004, p. 221
[72]*Idem*, p. 224
[73]G. GATUNANGE, *Op. Cit.*, p.10 voir aussi RCN Justice et Démocratie, *Etude sur les pratiques foncières au Burundi. Essai d'harmonisation*, Bujumbura, décembre 2004, pp.8-29
[74]E. NINAHAZE, *La contribution de la CNTB dans la résolution pacifique des conflits fonciers entre les rapatriés et les résidents et la réconciliation nationale : cas de Makamba*, mémoire de DESS, UB, 2016, p.14

vigueur au Burundi après l'entrée en vigueur de l'Accord »[75]. Dans le même sens, l'article prévoit la création et la mise en place d'une Commission Nationale et Réhabilitation des sinistrés (CNRS) qui a pour mandat d'organiser et de coordonner, avec les organisations internationales et les pays d'asile, le rapatriement des réfugiés et le retour des sinistrés, de les aider à se réinstaller et se réinsérer.

Après la suppression de la CNRS en 2005 (fin de la transition), certaines de ses missions ont été confiées au Ministère de la Solidarité Nationale. Et la Sous-Commission Terre a été érigée en Commission Nationale Terres et autres Biens (CNTB) en vertu d la loi n° 1/17 du 04 mai 2006.

La CNTB avait pour missions d'examiner l'ensemble des cas concernant les terres des réfugiés de longue date et les terres domaniales et d'examiner les cas litigieux et les allégations d'abus dans la (re)distribution des terres et de statuer sur chaque cas[76]. L'article 8 de l'Accord d'Arusha précise que les missions de la Commission devraient être accomplies tout en veillant à l'équité, à la transparence et au bon sens de toutes les décisions.

Elle doit toujours rester consciente du fait que l'objectif est non seulement la restitution de leurs biens aux rapatriés, mais aussi la réconciliation entre les groupes ainsi que la paix dans le pays.

Toutefois, il semble que les solutions de la CNTB ne sont pas vues de la même façon par les résidents et les rapatriés, entre les décideurs et les victimes. En effet, dans son enquête, Espérance Ninahazwe rapporte que cette Commission favoriserait les rapatriés au détriment des autres parties au conflit[77].

De plus, les victimes de bonne foi des décisions de la CNTB des deux côtés (résidents et rapatriés), voudraient être indemnisées pour pouvoir se procurer une autre propriété ou un logement[78]. Mais cette préoccupation ne figure pas dans les motivations des décisions de cette Commission. De ce qui précède, il en ressort que toutes les victimes ne sont pas satisfaites par les décisions de la CNTB.

Dans le processus de rapatriement, existent plusieurs défis. C'est notamment les défis liés à l'installation et à la réintégration socio-professionnelle, la réhabilitation des réfugiés dans leurs droits, la protection et la cohabitation pacifique, l'accès aux éléments fondamentaux de la vie au Burundi à savoir : la

---

[75] Accord d'Arusha pour la paix et la réconciliation, 2000
[76] Art. 8 de l'Accord d'Arusha pour la paix et la réconciliation au Burundi, 2000
[77] E. NINAHAZE, *Op.cit.*, p.32
[78] Ib*d*.

terre, le logement, la nourriture suffisante, des soins de santé, l'éducation pour les enfants, ...[79]

La complexité de la question des sinistrés et des rapatriés nécessitait des solutions biens raisonnées et des moyens immenses. Car après une dizaine d'années de conflit qu'a enduré le Burundi, ce pays avait besoin des moyens colossaux dont il ne disposait pas pour son reconstruction. D'où, une sorte d'incohérence dans le domaine de rapatriement et de réinstallation des réfugiés. C'est dans ce sens, pour conclure avec Bitsure, que des droits humains les plus fondamentaux ont été bafoués tels que le droit à une propriété, à un logement décent, à une nourriture suffisante, à la sécurité, etc[80].

II.2. Veuves et orphelins

Avant l'introduction de systèmes de pension et d'allocations de veuvage à la fin du XIXe siècle et au début du XXe siècle dans les économies occidentales, les veuves faisaient généralement partie des catégories les plus pauvres et les plus vulnérables[81]. De nos jours, on pourrait s'attendre à une situation analogue dans les pays en développement où les filets de protection sociale et les mécanismes d'assurance sont encore insuffisants, et où il existe toujours de fortes inégalités entre hommes et femmes en ce qui concerne les droits fondamentaux.

Quant aux orphelins, ils constituent une catégorie particulièrement vulnérable de la population car, faute d'interventions systématiques des pouvoirs publics, ils peuvent se retrouver privés de nombreuses prestations essentielles (éducation, soins de santé et hébergement)[82]. Ils connaissent également l'isolement social et risquent de voir leurs droits fondamentaux d'êtres humains violés. Cela peut avoir pour conséquence la déscolarisation, la précarité, les maladies, la stigmatisation sociale avec un grand impact psycho-social.

---

[79]J. BITSURE, *La problématique de rapatriement et de réintégration socio-professionnelle des réfugiés burundais : étude de cas*, mémoire de DESS, UB, Bujumbura, 2007, p. 51
[80]*Ibd.*
[81]Être veuve en Afrique : le lien entre situation matrimoniale et pauvreté https://blogs.worldbank.org/fr/africacan/etre-veuve-en-afrique-le-lien-entre-situation-matrimoniale-et-pauvrete le 14/03/2022
[82]B. MARIAM, *La prise en charge des orphelins en Afrique subsaharienne : entre structures formelles et informelles*, Université d'Aix-Marseille, Master Anthropologie du Développement Durable, 2018-2019, p15

Les crises récurrentes qu'a connues le Burundi ont produit un grand nombre de veufs/veufs et orphelins. Il s'agit d'une catégorie de population ayant plusieurs difficultés à résoudre. Pour le cas nous concernant, nous nous intéressons au veuvage et « orphelinage » dus aux violences répétitives au Burundi. Ces violences ont occasionné la violation des droits humains (droits politiques, droits économiques et droits sociaux). Ces victimes sont en besoin des réparations, soit par restitution, soit par indemnisation ou par redressement.

Peu après la crise de 1972, une tentative de restitution des biens pillés a eu lieu. Ce programme était destiné à encourager plutôt le retour des réfugiés de 1972. Mais, ses résultats sont restés mitigés. Au contraire, un de nos enquêtés reconnaît des initiatives non-étatiques comme celles des confessions religieuses :

> « L'église catholique, à travers le CARITAS, a soutenu les victimes. Cette association a débuté en 1973 et a aidé pas mal des victimes, surtout les veuves et les orphelins, dans leurs difficultés. Il existe d'autres églises protestantes qui ont aidé (les victimes) mais le gouvernement n'a rien fait pour soutenir ceux qui avaient perdu les leurs »[83].

Cependant, avant la mise en place de la CVR, au sein de l'INSS depuis 2010, il y eut d'autres tentatives de réparations, de quelques victimes surtout celles de la crise de 1972. Des militaires (subalternes) et quelques fonctionnaires ont eu un certain montant comme rentes. Les bénéficiaires de ces rentes étaient des ayants droits des victimes : enfants ou épouses. Toutefois, cette somme d'argent était jugé trop insuffisante comme le témoigne une des bénéficiaires :

> « Des réparations, oui. Mais elles sont très insuffisantes à voir les dépenses qu'on fait pour avoir cette modique somme. Deux cent vingt mille francs burundais ? C'est insuffisant, surtout pour une veuve ou des orphelins qui vivent difficilement après la disparition d'un conjoint ou d'un parent »[84].

---

[83] Entretien avec une victime membre d'une association, Bujumbura, le 25/3/2022
[84] *Interview avec I.N, une orpheline de 1972 de la commune Rutegama dans la province de Muramvya trouvé dans* Quelle réparation pour les victimes des différentes crises qui ont endeuillé le Burundi, 05/05/2013, https://www.iwacu-burundi.org/quelle-rparation-pour-les-

Pis encore, il est dit que cet argent est reçu dans des conditions difficiles, après avoir fait de lourdes dépenses. Le processus de demande des rentes obligeait que l'ayant droit se présente à l'INSS à maintes reprises. Le dossier qu'on déposait à l'INSS pour la demande des rentres était en peu trop exigeant : les extraits d'actes de naissance, les attestations de services rendus[85] et d'autres documents pouvant aider dans l'identification de l'ayant droit et la victime. Des fois, il fallait passer par une autre personne jugée plus clairvoyante (une sorte de courtage) pour obtenir ces rentes.

Pour les victimes de la nuit du 21 octobre 1993 laissées par des dignitaires (le Président Melchior Ndadaye et son entourage assassinés), on ne voit pas grand-chose qui a été fait pour réparer ces victimes. Seule l'épouse du Président Ndadaye aurait reçu quelque chose, après que son époux défunt a été proclamé « Héros de la démocratie » par le gouvernement burundais[86]. Mais, de façon générale, rien n'a été fait pour les veuves et les orphelins. *A contrario*, affirme une veuve : « *quand on tentait une réclamation, on était menacé d'être tué. C'est d'ailleurs de là que sont nées les associations des victimes* »[87].

---

victimes-des-diffrentes-crises-qui-ont-endeuill-le-burundi/ consulté le 12/11/2021. D'après cette orpheline rencontrée par un journaliste d'IWACU à Rutegama, comme son père était nouveau dans le service, sa famille n'a eu que 200.000 Fbu. « *C'était à prendre ou à laisser, il n'y avait pas d'autres choix* ». Elle mentionne que c'était insuffisant si on compare la valeur actuelle de la monnaie burundaise à celle des années 70. Le Franc burundais a subi d'énormes dépréciations et dévaluations.

[85] Il faut savoir que certaines structures administratives ont changé au cours des années, certaines sociétés sont tombées en faillite, d'autres ont changé de dénominations, etc. telles sont les quelques-unes des difficultés que pouvaient rencontrer les victimes pour se procurer certains documents administratifs.

[86] Entretien avec une victime, Bujumbura, le 23/02/2022. Ici, cette victime s'abstient de préciser ce qu'a reçu l'épouse du Président Ndadaye.

[87] Entretien avec une victime, Bujumbura, le 23/02/2022

II.3. Anciens combattants ou démobilisés

L'ancien combattant est toute personne membre des ex-Forces Armées Burundaises (FAB) ou ex-Partis ou Mouvements Politiques Armés (PMPA) ayant été démobilisés[88]. Ce mot fait aussi appel au terme de démobilisé. Celui-ci signifie tout combattant rendu à la vie civile par le Secrétariat Exécutif de la Commission Nationale chargée de la Démobilisation, de la Réinsertion et de la Réintégration[89].

En principe, le propre de la paix, ou du moins du retour à la paix, est de supprimer la notion même de victime. Toutefois, avec la fin de la guerre, il naît des « victimes de la paix ». Cette notion de victimes de la paix peut être essentielle pour comprendre les difficultés de passage de la guerre à une paix durable[90]. Cette catégorie d'individus est victime de ce retour à la paix parce qu'elle trouvait des avantages matériel, économique, psychologique dans le conflit. En effet, en affrontant le « danger », elle y trouvait un gagne-pain. Ce « mode de vie » est-il toujours le bienvenu avec le retour à la paix?

Selon Pierre Calmé, le passage à la paix suppose un titanesque effort pour faire une place économique et morale aux combattants d'hier, pour aider à leur reconversion[91]. Mais dans la plus par des cas, on ne retient de la guerre que les blessures physiques. Cet auteur ajoute que les blessures de l'âme sont peut-être infiniment plus profondes et plus graves. Ces dernières marquent les familles sans même qu'elles s'en aperçoivent, avec un grand risque d'être transmises.

Ainsi donc, après un conflit violent, les programmes de reconstruction doivent aussi concernés les ex-combattants qui, des fois, ne connaissent un autre métier que la guerre. Au Burundi, le programme de démobilisation, réinsertion et réintégration des ex-combattants, financé par la Banque mondiale, a officiellement démarré en septembre 2004. Les modalités de ce programme étaient les suivantes :

> *« Les démobilisés recevront un appui à la réinsertion équivalent à 18 mois de salaire dont le montant correspond aux soldes versées par les FAB dans chaque catégorie. Cet appui sera versé en quatre tranches : une tranche de 9 mois à la sortie des centres de démobilisation et trois tranches de trois mois qui seront payées trimestriellement. Le*

---

[88] Voir l'article 2 du Décret n° 100/262 du 18 novembre 2021 portant statut des anciens combattants
[89] *Idem*
[90] C. PIERRE, Les victimes de la paix, consulté le 02/12/2021sur http://base.d-p-h.info/fr/fiches/premierdph/fiche-premierdph-1222.html
[91] *Ibd.*

> *démobilisé recevra en plus un appui pour sa réintégration sociale et économique. Cet appui sera fourni sous forme d'un apport en nature pour réaliser un projet de son choix. […]. »*[92]

Aussi, un programme spécifique a été mis en œuvre par le MDRP (Partenariat multi-pays de démobilisation et de réintégration) de la Banque mondiale pour les enfants soldats, qui étaient recrutés par les rébellions et les ex-FAB et les Gardiens de la paix. Ils l'ont, au total, bénéficié du programme de DDR entre janvier 2004 et juin 2006, date de sa clôture. Ces enfants « victimes de paix » recevaient chacun l'équivalent de 20 dollars par mois (pendant 18 mois) en biens divers non-alimentaires, ainsi qu'une aide alimentaire du PAM (Programme alimentaire mondial)[93]. Ceux qui le souhaitaient pouvaient également bénéficier d'une formation professionnelle, dans des secteurs tels que la couture, la menuiserie ou la mécanique ; ils reçoivent dans ce cas un 'kit de démarrage' composé d'outils.

Cependant, ces programmes n'ont manqué à être confrontés à des défis. C'est notamment le non-respect des calendriers de paiement des frais de démobilisation qui s'est répercuté à la mise exécution des projets des bénéficiaires[94]. Ajoutons que la somme offerte n'était pas bien suffisant pour permettre l'entreprise de « grands projets ». Un autre défi, est lié au manque de suivi et évaluations des projets des bénéficiaires en cours.

En somme, le programme de DDR aurait réussi à moitié. En effet, selon l'enquête de Gahungu L. (en 2008), parmi les trois principaux facteurs de la recrudescence de l'insécurité constatée en 2007, il y avait l'échec du désarmement des populations civils et la fragilité du programme de DDR pour les ex-combattants.

II.4. Commémorations et monuments : une forme de réparation

L'histoire funéraire est à l'origine des pratiques mortuaires, des rites, des mises en scènes, des usages commémoratifs. Ces manifestations, tout en vivifiant et honorant une « communauté imaginée » polarisent des conflits de légitimité autour de la *construction* des monuments et de leur instrumentalisation[95].

---

[92] P. STEPHANIE, et F.NICOLAS, *Les armes légères au Burundi, après la paix, le défi du désarmement civil*, Rapport du Small Arms Servey et de la Ligue Iteka, Genève, 2007, p. 60
[93] *Ibd.*
[94] L.GAHUNGU, *Les programmes de désarmement, démobilisation, réintégration et sécurité au Burundi*, mémoire de DESS, UB, Bujumbura, 2008, p.39
[95] P.ARIES, *L'homme devant la mort*, Paris, seuil, 1985 cité par Emmanuel Bellanger et Danielle Tartakowsky, « Enterrer les morts et les honorer » dans *Le Mouvement Social*, n° 237, Avril 2011, pp. 3-12,

C'est pour cette raison qu'il peut y avoir plusieurs monuments avec des interprétations différentes. Des monuments qui résolvent les problèmes des uns tout en aggravant les problèmes des autres.

Ainsi, pour le Burundi, selon une compilation faite en grande partie par Aloys Batungwanayo dans le cadre d'une recherche sur la mémorisation au Burundi commandité par l'ONG Impunity Watch, il existe au Burundi plusieurs monuments[96] en la mémoire de certaines violences. Voici la liste non exhaustive de ces monuments :

> « A Bujumbura : le monument du Prince Louis Rwagasore, héros de l'Indépendance du Burundi, assassiné en 1962 par ses adversaires politiques ; le monument de Pierre Ngendandumwe, premier ministre, tué en 1965 suite aux discensions ethniques au sein du parti UPRONA ; le monument du soldat inconnu construit suite à un attentat contre le président Michel Micombero durant lequel un soldat a été tué, c'était en avril 1972 et le monument du président Melchior Ndadaye, héros de la démocratie, et ses collaborateurs assassinés par l'armée en octobre 1993.
>
> A Gitega : le monument érigé à Kibimba en 1996 en mémoire de 74 élèves Tutsi brûlés en octobre 1993; un monument en mémoire de plus 300 Tutsi tués à Bugendana au mois de juillet 1996 ; un monument en mémoire de Mgr Joachim RUHUNA, assassiné en septembre 1996 à Bugendana, à l'Eglise Christ Roi de Gitega ; et un monument en mémoire de plus de 300 Hutu tués en septembre 2003 à Itaba.
>
> A Bururi : le monument en mémoire de 40 élèves du Séminaire de Buta massacrés au mois d'avril 1997.
>
> A Muyinga : le monument en mémoire du gouverneur de province tué au chef-lieu de la province en juillet 1994 alors qu'il tenait une réunion de sécurité à l'endroit des déplacés. A Ruyigi : le monument en mémoire de 72 Hutu tués en 1993 à l'Evêché de Ruyigi : ils ont été brûlés dans une maison où ils s'étaient réfugiés. Et leur enterrement avec dignité fut organisé par la présidente de la « Maison Shalom », Marguerite BARANKITSE, devenant ainsi un lieu de recueillement pour les familles des victimes ».

---

[96]CENAP, *Rapport de mise en œuvre des recommandations issues de la recherche sur la thématique: Justice Transitionnelle*, *Op.Cit.*, p. 21

Par ailleurs, il existe d'autres monuments comme celui érigé aux enceintes de l'Université du Burundi au campus Mutanga en mémoire des étudiants hutu assassiné en 1995 ; un monument construit *à Musema (Kayanza)* par les familles des 5 victimes tuées en 1972 ; un monument érigé par l'administration communale dans la commune Nyabiraba en mémoire des Hutus assassinés en 1995[97]. Enfin, un autre monument sur le quel était gravé les mots « PLUS JAMAIS ÇA » qui se trouvait au chef-lieu de la province Gitega a été démoli. Mais de tous ces monuments l'initiative du gouvernement reste limité. La plupart de ces monuments résultent des initiatives privées.

Or, dans l'histoire de l'humanité, les monuments délivraient un message, ce message peut jouer un rôle important dans la commémoration. La commémoration est importante dans le processus de deuil[98]. Elle peut favoriser ou inhiber la réconciliation, sur le plan individuel comme à l'échelon national. Elle peut aussi rappeler au public les atrocités passées, et contribuer par-là à prévenir leur résurgence et de nouvelles violations des droits humains dans l'avenir. Selon le CICR, la commémoration peut remplir plusieurs fonctions[99] si elle est bien planifiée et bien conduite. Elle encourage le processus de deuil et de souvenir tout en permettant aux familles et aux communautés d'exprimer leur peine ensemble. Elle apporte un appui moral, source de réconfort. Elle humanise les événements qui se sont produits et les rend plus personnels, par exemple en citant les noms des personnes qui ont disparus, désignés comme fils, filles, parents, etc. de quelqu'un. Elle rend hommage aux personnes portées disparues, favorise la reconnaissance publique des faits qui ont été niés ou déformés. Elle devient une sorte de réparation. C'est aussi un rappel instructif aux générations présentes et futures. Elle encourage la réconciliation individuelle, communautaire et nationale.

Elle fournit un lieu de recueillement en l'absence de tombe. Elle permet enfin aux âmes des défunts de reposer en paix.

Dans l'histoire récente du Burundi, on a assisté à des commémorations sélectives avec leur risque de renforcer les clivages ethniques pour ne pas dire la perte de toute sa substance. Ces commémorations sélectives étaient, dans la plupart, des cas liés à des monuments érigés en la mémoire des disparus, sur l'initiative du gouvernement dans certains cas, mais surtout d'acteurs privés, tels

---

[97]Entretien avec une victime, Bujumbura, le 25/3/2022
[98]CICR, *Meilleures pratiques opérationnelles concernant la prise en charge des restes humains et des informations sur les morts à mettre en œuvre par des non-spécialistes*, Genève, 2004, p. 22
[99]*Ibd.*

que les parents des victimes, les partis politiques et les confessions religieuses[100]. Des commémorations des différents événements ont été généralement organisées de manière isolée, étant donné que ces monuments sont controversés car ils ne sont reconnus que par un groupe ou une ethnie. Pour réconcilier ces mémoires controversées, l'Accord d'Arusha pour la paix et la réconciliation de 2000 avait suggéré : « *l'érection d'un monument national à la mémoire de toutes les victimes de génocide, de crimes de guerre ou autres crimes contre l'humanité avec l'écriteau «PLUS JAMAIS ÇA»*[101]. Cet accord proposait aussi : « *l'instauration d'une Journée nationale de commémoration pour les victimes de génocide, de crimes de guerre ou autres crimes contre l'humanité, ainsi que des mesures permettant l'identification des fosses communes et l'enterrement des victimes dans la dignité* »[102].

Cependant, sans parler la poursuite des commémorations sélectives, ces propositions n'ont pas empêché la construction d'autres monuments après la fin de la guerre. C'est entre autres le monument du combattant de la liberté à Mpanda (Bubanza), érigé par le parti CNDD-FDD en 2006 en mémoire de ses combattants tombés sur le champ de bataille[103]. C'est aussi le monument en mémoire des gouverneurs de Gitega et Karuzi et leurs enfants tués en 1993. Celui-ci a été érigé au chef-lieu de la province Karuzi en juillet 2010 par les familles de ces personnes tuées.

Du côté des victimes, l'existence de ces monuments constituent un pas dans la perpétration de la mémoire des leurs. « *Au moins, on sait que les nôtres sont enterrés là* »[104], insiste une victime. C'est dans cette logique que certaines associations ont soutenu ou participé dans la construction de certains monuments ou tombes pour honorer les victimes.

Mais ces monuments, de l'avis des victimes membres des associations, ne sont pas suffisants (on y reviendra dans le troisième chapitre).

Des commémorations ont eu lieu chaque année avec ou sans la participation des personnalités publiques. Jusqu'en 2015, souligne une victime : « *ces associations bénéficiaient du soutien du GIZ à travers le CARAVI lors des*

---

[100] CENAP, *Rapport de mise en œuvre des recommandations issues de la recherche sur la thématique: Justice Transitionnelle, Op.cit.*, p. 20. Ici, il ne faut pas ignorer l'existence des sites mémoriels comme les fosses communes non construits.
[101] Article 6.7 de l, Accord d'Arusha pour la paix et la réconciliation au Burundi, le 28 Août 2000
[102] Article 6.8 de l'Accord d'Arusha pour la paix et la réconciliation au Burundi, le 28 Août 2000
[103] CENAP, *Rapport de mise en œuvre des recommandations issues de la recherche sur la thématique : Justice Transitionnelle, Op.cit.*, p. 20
[104] Entretien avec une victime, Bujumbura, le 22/02/2022

commémoration. Mais ce soutien n'existe plus, le GIZ recommande les victimes de mettre en place des projets de développement »[105].

Comme on le voit, les monuments au Burundi ont une signification sélective. Il en est de même pour les commémorations organisées à travers les associations des victimes. Mais cette tendance à commencer à diminuer à partir de 2011 avec l'initiative du CENAP et de l'AMPSI Girubuntu qui ont innové des commémorations collectives et le regroupement des associations au sein du CARAVI. Il reste à savoir si ces commémorations communes des associations des victimes ont des racinements plus profonds pour se pérenniser et participer à la réconciliation des tous les Burundais au moment où il existe une autre catégorie de victimes qui ne font pas partie des associations. Ici, nous voulons souligner l'existence des victimes bien connues (celles des associations) et d'autres qui restent dans une sorte d'anonymat.

II.5. De l'invisibilité sociale des victimes[106]

À l'instar de l'exclusion sociale, l'invisibilité sociale se présente comme une notion floue dont il est particulièrement difficile de délimiter les frontières. Le passage dans l'invisibilité sociale est-il relatif ou absolu ? Le terme d'invisibilité semble indiquer un état absolu, à la façon dont un objet physique se trouve ou non accessible au regard. Mais, comment alors des personnes peuvent-elles être invisibles dans une société comme le sont des objets ?

L'invisibilité sociale d'une personne ou de l'individu a d'abord été théorisée comme l'une des façons de percevoir autrui dans le cadre d'une interaction au sein d'un groupe social donné[107]. L'invisibilité renvoie alors au (non-)regard porté sur l'un des membres du groupe, pourtant bien présent physiquement, en raison de son absence de participation positive à ses activités. Ainsi donc, l'invisibilité peut être sociale ou sociétale, subie ou choisie[108]. L'ONPES distingue trois sortes de visibilité sociale qui facilitent une bonne compréhension de l'invisibilité.

---

[105]Entretien avec une victime, Bujumbura, le 23/02/2022

[106]Ici, nous empruntons le sous-titre de Nathalie Sarthou-Lajus, Richard Rechtman, Enquête sur la condition de victime, https://www.cairn.info/revue-etudes-2011-2-page-175.htm, 2011/2 (Tome 414), pp. 175 à 186, consulté le 25/7/2021

[107]Observatoire National de la Pauvreté et de l'Exclusion Sociale, *L'invisibilité sociale : une responsabilité collective*, Rapport, 2016, p. 11

[108]*Idem*, p. 8

La visibilité positive d'abord où « *l'individu est perçu par les autres comme contribuant directement au fonctionnement du groupe* ». Ensuite l'invisibilité sociale où «*l'individu occupe une place au sein du groupe, mais il est perçu par les autres comme n'apportant aucune contribution positive au fonctionnement du groupe* ». Et enfin, la visibilité négative où « *l'individu gêne le fonctionnement du groupe et son comportement est perçu comme tel par les autres membres* ». Pour ce qui nous concerne, c'est les deuxième et troisième types de visibilité qui nous intéressent.

En effet, la gestion de la question des victimes suscitent d'innombrables interrogations. Est-ce que ceux qui se reconnaissent comme des victimes sont-ils réellement de « vraies victimes »[109] ? Est-ce ces victimes se rappellent de l'existence des autres victimes dans leur entourage ou dans leur communauté ? Pourquoi certaines victimes fassent semblant de ne pas savoir qu'elles sont victimes ? Pourquoi d'autres affirment oralement avoir oublié la violence subie alors qu'ils ont des cicatrices corporelles visibles ?

Pour Nathalie Sarthou-Lajus et Richard Rechtman, dans leur « *Enquête sur la condition de victime* », ils définissent une victime comme étant : « *une personne normale qui subit une situation anormale* »[110]. Ici par exemple, selon ces chercheurs, les malades mentaux ne sont pas considérés comme des personnes normales. Ces « personnes anormales » sont-elles considérées comme victimes quand elles subissent les actes semblables à ceux que les autres victimes subissent ou ont subis ? Il est plus probable que ne sont souvent considérées comme victimes que les personnes qui peuvent s'emparer de cette condition pour se faire entendre et réclamer des droits. Ici, aussi, il y a un risque que les « petites gens » de la société soient oubliées alors qu'ils sont victimes étant donné qu'il leur est difficile de s'en réclamer ou de s'émanciper. Cela reviendrait à dire que dedans il y aurait quelque chose du militantisme qui suppose de savoir se mobiliser, d'avoir des ressources, des représentants et de parler fort. Sinon, il peut y avoir un risque de ne pas exister. Si tel est le cas, le traumatisme ne donne la parole qu'à ceux qui sont capables de s'en emparer[111]. Les autres demeurent invisibles.

Par ailleurs, la tendance générale des victimes est de se prendre comme les seules victimes. Toutefois, il existe une autre catégorie de victimes et non la moindre : les bourreaux. Ces gens qui ont tué les autres sont aussi victimes du point de vue psychologique[112].

---

[109]Ici, il faut toujours considérer la notion et la définition de victime.
[110]Nathalie Sarthou-Lajus, Richard Rechtman, *Op.Cit.*, pp. 175 à 186
[111]*Ibd.*
[112]Entretien avec un expert de THARS, Bujumbura, le 11/03/2022

Cela dit, les bourreaux, eux aussi ne sont pas socialement et psychologiquement stables. Mais la société peut ignorer l'existence de cette catégorie de victimes alors qu'elle est là. C'est pour cette raison que le processus de réconciliation des victimes et des auteurs devient très complexe et compliqué.

Au cours de ce chapitre, nous avons décrit la gestion de la question des victimes avant la mise en place de la CVR. Nous sommes passé par une certaine catégorisation non-exhaustive des victimes à savoir : les réfugiés, les rapatriés, les déplacés, les veuves, les orphelins, les anciens combattants, les démobilisés. Nous avons remarqués que plusieurs questions de ces victimes n'ont pas été résolues. Quelques fois, les résultats de certains projets qui tentaient la résolution des problèmes des victimes étaient problématiques et controversés. Quant aux monuments et commémorations, leur caractère sélectif n'est pas encore disparu. Enfin, les associations des victimes participent à la visibilité des victimes y militant. Leur militantisme constituerait une façon d'exprimer leurs besoins.

3

BESOINS DES VICTIMES PAR RAPPORT A LA JUSTICE TRANSITIONNELLE

Au Burundi, un des moyens qui pourrait être le plus efficace pour éviter les violences cycliques qu'a connu le Burundi, est de connaître les besoins des victimes. La recherche concernant les besoins des victimes pose des problèmes importants. Ainsi, ces besoins ne peuvent être directement déduits des conséquences du crime. Il faut tenir compte de la perception des victimes pour éviter de faire des recommandations qui ne les satisfassent pas[113]. Le deuxième problème souligné par certains chercheurs est le fait que les besoins exprimés par les victimes sont en partie déterminés par leurs attentes et par leur culture[114]. Par-là, pour répondre convenablement aux besoins des victimes, il faut une analyse des besoins exprimés par les victimes elles-mêmes. Tel est l'objet de ce chapitre.

---

[113]La seconde victimisation et les besoins des victimes, Presses de l'Université de Montréal, 2003, https://books.openedition.org/pum/10775?lang=fr, consulté le 27/8/2021
[114]*Ibd.*

III.1. Libération de la parole des victimes

La voix des victimes est un levier rassembleur pour mobiliser les volontés nationales et internationales.[115] La voix des victimes peut passer par différents canaux : les émissions radio, la télévision, les conférences publiques, à travers des enquêteurs des ONG, etc. La création de plusieurs associations et regroupements de victimes peuvent aussi contribuer à se faire entendre.

Ainsi, les victimes participant dans les associations expriment clairement ce besoin de se faire entendre et d'être écoutées : « *Les victimes ont besoin d'être entendues et des personnes qui les écoutent. Elles ont besoin des personnes qui les comprennent et qui mettent en application les avis des victimes* »[116]. Selon l'ASF, ce besoin de se faire entendre et d'être écouté exprime le besoin pressant des victimes de se faire entendre par les plus hautes autorités afin que leurs souffrances soient connues et reconnues, ainsi que leurs besoins et aspirations soient prises en compte pendant tout le processus de résolution du conflit[117].

Chez les victimes, l'occasion de s'exprimer peut avoir les effets de deux catégories selon certaines hypothèses. Selon Villa-Vicencio C. et Doxtader E., la première thèse est que « *le dialogue guérit (c'est-à-dire qu'il y a une relation positive entre le discours et le rétablissement)* »[118]. Mais, selon les mêmes auteurs, il existe d'autres hypothèses sur ce point. Nous retenons celle évoquant :

> « Les *effets curatifs qui peuvent revenir à l'individu et qui reviendront également à la société dans son ensemble (…) le témoignage comporte un rituel universel de guérison. Témoigner c'est penser à soulager la douleur d'un individu en donnant la voix à l'expérience, (…), un processus qui, on l'espère, favorisera la guérison à un niveau individuel et social* »[119].

Batungwanayo renchérit cette idée en écrivant que les Burundais reconnaissent les facultés thérapeutiques, morales et sociales de l'écoute et de la parole.[120]

---

[115]E. MATIGNON, *Justices en mutation au Burundi, Les défis du pluralisme juridique*, in « Afrique contemporaine » n°250, 2014, pp. 55-80 disponible sur le site https://www.cairn.info/revue-afrique-contemporaine-2014-2-page-55.htm consulté le 7/10/2021
[116]Entretien avec une victime, Bujumbura, le 22/02/2022
[117]Avocat Sans Frontière, *Op., Cit.*, p. 67
[118]C. VILLA-VICENCIO, et E. DOXTADER, (sous la dir.), *Les pièces du Puzzle : Mots clés sur la justice transitionnelle*, Institute for Justice and Reconciliation, Cape Town, 2007, p.66
[119]*Idem*, p. 67
[120]A. BATUNGWANAYO, *Promouvoir la cohésion sociale, la sécurité humaine et la résilience pour la jeunesse burundaise et les communautés locales » 2017 – 2021*, Rapport de l'American

De ce qui précède, on a trouvé que le CARAVI a commencé à jouer ce rôle. En effet, ce collectif constitue une sorte de cadre de rencontre et de dialogue entre les associations des victimes. Tout en rappelant qu'à leurs naissances, la plupart de ces associations étaient ethniquement sélectives. Il existait « *des associations à 100% Tutsi ou presque et des associations à 100 % Hutu ou presque* », selon les propos de deux victimes appartenant à deux associations différentes. Par voix de conséquences, ces commémorations étaient strictement sélectives. Les associations des victimes Hutu avaient leurs dates de commémorations et vice-versa. Ici, il ne faut pas oublier que ces victimes pouvaient commémorer les mêmes événements mais séparément et dans des endroits différents. Le rapprochement de ces différentes associations a conduit certaines victimes vers la guérison. En effet, en sortant de son camp ethnique, la victime peut comprendre que l'autre victime a souffert selon les propos d'une victime :

> « *Quand on est dans son camp, on pense que se sont vous seules (victimes) qui avez souffert. Tu ne t'imagines pas que les autres ont souffert. Etre dans l'association (ici entendez le collectif CARAVI) conduit à la guérison. Les victimes qui n'ont jamais exprimé leurs souffrances constituent une bombe à retardement. Mais dans les associations, on comprend que l'autre a souffert. Et on guérit*»[121].

Si les victimes ont besoin de la guérison, les bourreaux en ont tellement besoin plus que les victimes car en tuant les autres, ils se détruisent les premiers comme le raconte une victime : « *Les premières victimes ce sont les bourreaux parce qu'ils sont morts les premiers. L'objectif des associations des victimes est de participer activement à la guérison des bourreaux d'abord, et à la guérison des victimes ensuite* »[122]. Ainsi, libérer la parole des victimes peut mener vers la libération de la parole des bourreaux car les deux côtés ont tous souffert[123]. Et chacun des deux peut guérir grâce à la parole. C'est d'ailleurs cela qui se fait au moment de la réconciliation où les victimes et les bourreaux se rencontrent pour échanger et se réconcilier.

Ainsi, le CARAVI a contribué d'une certaine façon aux balbuties de la réconciliation de ces membres. Sur ce point, un de ces membres ne mâche pas les mots : « *Personnellement, je dis que ces associations a contribué à la réconciliation entre ceux qui ont perdus (les leurs)* ». Mais cette victime

---

Friends Services Comitee, novembre 2017, p. 46
[121]Entretien avec une victime, Bujumbura, le 03/03/2022
[122]Entretien avec une victime, Bujumbura, le 03/03/2022
[123]Un expert en prise en charge psychosociale nous dit que les présumés auteurs et les victimes peuvent développer les mêmes symptômes post traumatiques comme la reviviscence de l'évènement, l'hypervigilence, l'évitement de toute chose qui rappelle l'évènement, etc.

regrette que l'action du CARAVI soit comme une goutte d'eau qui tombe dans un océan : « *Je dirais que CARAVI est venu comme une solution pour la réconciliation au Burundi même si cette solution a été petite parce qu'il s'agit des associations regroupant peu de gens* »[124].

Pour arriver à cette guérison de toute la société, il faut laisser les victimes témoigner ce qui leur est arrivé, les torts qu'elles ont subis. Ainsi, on pourra éviter l'héritage de l'histoire familiale ou communautariste (Hutu et Tutsi) qui pointe du doigt l'Autre : « *Ton père a été assassiné par tel. Ce n'est pas bon de visiter n'importe comment cette famille. Il faut rester toujours vigilant* »[125]. De même, presque les mêmes propos peuvent être tenus par les bourreaux en invitant ses descendants à rester vigilent pour éviter la vengeance des victimes[126].

On conclut que la libération de la parole des victimes participe donc à la guérison des victimes elles-mêmes, à la guérison des bourreaux et à celle de toute la société entière.

III.2. Connaissance de la vérité et lutte contre la culture de déni

Dans les sociétés sortant des conflits violents, on peut assister à une culture consistant en désaveu partiel ou total du triste sort des victimes et des rescapés. Cette tendance peut être une stratégie officielle ou non officielle selon les contextes sociopolitiques des pays. Dans ces conditions donc, les victimes, les anciens bourreaux et leurs complices doivent cohabiter dans les villages, mêmes où les abus les plus atroces et les crimes les plus effroyables ont été commis. Selon Igreja Victor et Dias-Lambranca : « *Les débats sur la justice transitionnelle suggèrent qu'une telle attitude donne lieu non seulement à des sentiments de vengeance, mais aussi à des actes de violence physique visant à régler ses comptes par rapport aux abus et aux crimes de guerre* ».[127]

Les associations des victimes du CARAVI participent à la lutte contre la culture du déni. Les victimes de ces associations ont besoin de savoir la vérité. Savoir la vérité revient à dire savoir ce qui s'est passé ou connaître les faits. C'est aussi connaître les victimes car on ne peut pas indemniser ou

---

[124] Entretien avec une victime, Bujumbura, le 25/3/2022
[125] Entretien avec une victime, Bujumbura, le 03/03/2022
[126] Ici, les bourreaux considèrent les victimes comme des ennemis.
[127] V. IGREJA, et B.DIAS-LAMBRANCA, « La justice réparatrice et le rôle des esprits Magambaà Gorongosa (centre du Mozambique) au lendemain de la guerre civile », in Luc Huyse et Mark Salter, *Justice traditionnelle et réconciliation après un conflit violent : La richesse des expériences africaines*, IDEA, Stockholm, p.72

assister quelqu'un que l'on ne connaît pas. Pour une victime interviewée, « *le gouvernement du Burundi ne fait pas la priorité la reconnaissance des victimes* »[128]. Pour ces victimes le gouvernement devraient savoir qui sont les victimes et les conditions dans lesquelles vivent ces victimes. Savoir la vérité signifie aussi connaître les bourreaux.

Ainsi, au cours de notre enquête, nous avons trouvé que les victimes actives dans des associations membres du CARAVI veulent connaître la vérité :

> *« Ceux qui ont perdu les leurs ont besoin de connaître pourquoi les leurs ont été tués, qui a tué les leurs et où ont-ils été enterrés »[129].*

Contrairement à la recherche d'Alexis Ndimubandi[130] et de THARS, on n'a pas trouvé des victimes qui n'ont pas besoin de connaître la vérité. Cela serait dû au fait qu'il s'agit d'une catégorie des victimes sensibilisées entre elles et par des organisations qui s'occupent de la justice transitionnelle comme THARS, CENAP, Impunity Watch, GIZ, etc. Aussi, ce sont des gens instruits et vivant dans la ville ayant une certaine culture générale.

De ce qui précède, les associations des victimes peuvent offrir de grandes contributions dans la connaissance de la vérité lors de l'identification des victimes. Mais concomitamment peuvent remplir des fonctions autres que l'identification des victimes qui est l'un de leurs objectifs les plus importants[131] consécutifs à la connaissance de la vérité. On cite notamment l'effet cicatrisant de « souffrir ensemble » décrit par des thérapistes de groupe[132]. Alors que le traumatisme peut continuer en silence à tuer des victimes de l'intérieur, en parler en compagnie d'autres personnes qui ont également souffert peut leur apporter une sorte de soulagement et entamer un processus cathartique[133]. Les membres de ces groupes vont petit à petit s'outiller mutuellement des compétences leur permettant de maîtriser les techniques de nommer les souffrances qu'ils ont subies, en blâmant ceux qui en sont responsables.

---

[128]Entretien avec une victime, Bujumbura, le 23/20/2022

[129]Entretien avec une victime, Bujumbura, le 25/3/2022

[130]A. NDIMUBANDI, *Op. Cit.*

[131]Ici on peut retenir l'exemple de l'association IBUKA (*kinyarwanda* pour « Souvenez-vous») au Rwanda). En Argentine, au Chili et au Guatemala, où des atrocités ont longtemps été niées, le recueil de données semblables de base par les associations de victimes peut contribuer à briser la conspiration du silence. Sur ce sujet voir IDEA, Op. Cit, p. 77-78

[132]International Institute for Democracy and Electoral Assistance (IDEA), *Op. Cit.* p. 78

[133]Se dit d'un événement conduisant l'individu à se libérer de ses pulsions et de ses passions pour remédier à un traumatisme vécu et resté latent.

Mais, de façon générale, presque dans tous les programmes de réconciliation, les associations des victimes peuvent jouer le rôle de donner aux victimes d'un conflit violent le pouvoir de s'assumer en mobilisant la vérité comme une ressource qui rétablit la dignité, la réputation et les chances de vie des victimes[134]. Elles fonctionnent dans la plupart des sociétés post-conflictuelles et vont de petits groupes, comme les mères de la Place de Mai au Chili[135], à des organisations de survivants à grande échelle, comme IBUKA au Rwanda. Elles couvrent toute une série d'activités dans le domaine de l'émancipation des victimes.

Pour le besoin de lutte contre le déni, les victimes se rassemblent dans des associations comme des associations peuvent se rassembler dans un collectif d'association pour galvaniser leur force dans la lutte de leur cause pour la plaidoirie. Etant donné que les victimes ont besoin d'un encouragement pour continuer à vivre normalement, les associations des victimes leur offre un cadre de solidarité et de réconfort mutuel[136]. Pour diminuer sinon anéantir le risque de l'oubli et ainsi perpétrer la mémoire en honorant les leurs, les associations des victimes deviennent un cadre d'expression « *où on peut parler de ces personnes tuées ou disparues que les circonstances ne veulent pas que l'on parlent et que les bourreaux ne veulent pas entendre* »[137].

III.3. Justice punitive versus le pardon

Le pardon est un processus individuel qui relève de l'intime. Pardonner est un acte personnel de volonté qui s'inscrit dans une décision permettant à celui qui le reçoit de ne pas avoir à payer pour la faute commise. Selon Ricœur, pardonner est un « acte difficile », non seulement à donner, à recevoir mais aussi à concevoir[138]. Ainsi donc, le pardon n'est pas synonyme de l'oubli de la faute, le déni de l'action mauvaise, encore moins le refus de la prendre en compte

---

[134]*Ibd.*

[135]Les Mères de la place de Mai (en espagnol : *Asociación Madres de la Plaza de Mayo*) est une association des mères argentines dont les enfants ont « disparu », assassinés pendant la guerre livrée en particulier lors de la dictature militaire (1976-1983).

[136]Entretien avec un expert

[137]Entretien avec un expert

[138]M.H. VERNERIS, « Justice et pardon, une cohabitation possible derrière les barreaux ? » dans *Le sujet dans la cité*, no 7, 2016, pp. 213-226 consulté sur le site https://www.cairn.info/revue-le-sujet-dans-la-cite-2016-2-page-213.htm

mais c'est une façon de trouver le point de départ dans la reconnaissance de celle-ci.

Quant à la justice punitive, elle s'inscrit depuis longtemps dans logique de ne pas penser une façon de rendre la justice que par la sanction. Il s'agit d'un reflet judéo-chrétien participant de la culture de la culpabilité. L'obligation de punir, que l'on retrouve dans la pensée kantienne, dont l'influence sur la philosophie pénale moderne est indéniable, est devenue le paradigme de notre justice pénale, la seule façon de rétablir l'ordre troublé étant de punir le coupable en imposant à celui-ci une souffrance[139]. La souffrance causée par la peine est censée être émancipatrice grâce à l'expiation de la faute, mais aussi dissuadante et réparatrice en incitant le coupable à ne plus recommencer.

Mais, on peut se demander si on doit seulement punir l'individu coupable ou avoir un objectif de rétablir la paix sociale, tout en contribuant à l'évitement de la récidive et à un retour à l'équilibre pour la victime comme pour l'auteur[140].

Les victimes nagent dans cette dialectique. En effet, certains victimes veulent la justice punitive d'abord et le pardon après, comme le montre les propos de certaines victimes : « *La CVR actuelle n'accorde pas de place à la justice punitive sinon le pardon viendrait après* ». Une autre victime d'ajouter : « *Après avoir connu la vérité, elles ont besoins de la justice. Pourquoi elles ont connu les présumés auteurs mais que ceux-ci ne sont pas traduits en justice ? Elles souhaitent que ceux qui ont tué soient traduits en justice et qu'ils demandent pardon* »[141].

Un constat général, les associations des victimes qui font objet de notre enquête, acceptent que les victimes puissent accorder le pardon mais que la justice fasse son travail. Selon cette tendance, leur pardon ne viendrait pas avant la justice. Au contraire, il est conditionné par la justice qui jugerait les présumés auteurs. A notre sens, leur pardon est synonyme de la non-vengeance. Ainsi, pour eux, ne pas se venger c'est pardonner. Mais pour certaines victimes, si la justice juge les présumés auteurs des violations et que les condamnations judiciaires s'ensuivent, les victimes vont accorder le pardon parce que leurs personnes disparues ou tuées ne peuvent pas revenir dans le monde des vivants. Ce pardon ne serait-il pas une sorte de résignation[142] ? Pour

---

[139] *Ibd.*
[140] *Idd.*
[141] Entretien avec une victime, Bujumbura, le 25/3/2022
[142] Résignation qui signifie dans ce contexte : une attitude d'une personne qui accepte, sans se révolter, une chose pénible, désagréable qu'elle juge inévitable.

d'autres victimes encore, le pardon participe à la construction du voisinage apaisé. Une victime l'exprime par les mots suivants :

> « *Donc, si une personne demande pardon et qu'elle en reçoit, cela améliore les bonnes relations au sein du voisinage et entre les familles de ceux qui ont demandé le pardon et ceux qui l'ont accordé. Le pardon n'annule pas le crime surtout pour les crimes plus graves (internationaux)* »[143].

Ici, on veut insister sur la paix au niveau du voisinage ou au niveau de la communauté. Pour cette catégorie de victimes, le pardon est compatible avec la justice dans la mesure où le pardon n'annule pas les procès de la justice. Par contre, le pardon jouera un rôle crucial dans la réconciliation au sein des communautés ou au sein du voisinage.

Le pardon participera aussi à la détraumatisation des bourreaux et de leurs descendants. Comme le témoigne une victime en ses termes : « *...puis les bourreaux pourront publiquement demander le pardon parce qu'eux aussi sont engloutis ... certains enfants des bourreaux cachent leur identification. Il y en a qui vont jusqu'à changer leur identification*»[144]. A l'instar de l'IDEA, les excuses, si elles sont sincères, peuvent aussi avoir une incidence importante[145].

Si tel est le cas, selon une victime membre de l'association, il faudrait non seulement « prêcher » l'accord du pardon mais également « prêcher » la demande du pardon : « *on ne prêche pas de demander le pardon mais on prêche d'accorder le pardon. Est-ce qu'on peut accorder le pardon à quelqu'un qui ne te l'a pas demandé ?* »[146].

Ici, on sous-entend aussi, qu'il faut éviter le pardon collectif comme la culpabilité collective. Ce qu'on voit aujourd'hui, selon l'expert en prise en charge psychosocial, c'est une paix passive, une simple résilience pour la survie[147].

Nous constatons également qu'il existerait des victimes qui attendent les bourreaux pour leur accorder le pardon comme le montre les propos d'une victime :

---

[143]Entretien avec une victime, Bujumbura, le 25/3/2022
[144]Entretien avec une victime, Bujumbura, le 23/02/2022
[145]International Institute for Democracy and Electoral Assistance (IDEA), *Op. Cit.* p. 108
[146]Entretien avec une victime, Bujumbura, le 03/03/2022
[147]Entretien avec un expert en prise en charge psychosociale, Bujumbura, le 11/3/2022

« Personnellement, nous n'avons pas encore eu des personnes (bourreaux) qui nous approchent pour nous dire qu'elles nous ont offensés (…) mais on les pardonne dans notre intérieur pour nous libérer, pour nous libérer (il se répète) et ne pas continuer de s'enfermer »[148].

Il s'agit d'un pardon pour la survie des victimes. Or, selon l'Expert de la prise en charge psychosociale, ce pardon est possible quand les siens ou le sien a été tué par des individus que la victime ne connaît pas comme des gens en uniformes. Là, on peut pardonner dans la globalité. Mais, quand la victime connaît le bourreau ou l'agresseur et qu'on vit ensemble dans la communauté, le pardon, sans amorcement de dialogue entre les victimes et les bourreaux, est très éphémère[149]. Dans ces conditions, un petit incident catalyseur suffit pour envenimer la situation et réveiller les démons du passé.

Il existe une autre catégorie des victimes qui affirment « *avoir presque pardonné* »[150] les bourreaux sans que ceux-là ne le leur demandent. Et ce mot « presque » ne peut pas manquer de signification. Cela peut signifier que ce pardon est superficiel dans la mesure où il n'y a pas encore eu un vrai processus de réconciliation. C'est aussi une forme d'incapacité et de résignation que sous-tend cette affirmation.

Toutefois, même si ces victimes font partie du même collectif, nous avons constaté qu'il y a des victimes qui restent catégorique sur la nécessité de la mise en place d'une justice punitive en affirmant que « *la justice devrait punir sévèrement les auteurs des crimes* »[151].

Pour nuancer, certaines personnes croient que la justice transitionnelle exclut la justice pénale classique. Au contraire, selon l'ASF :

« *La justice pénale fait partie de la gamme de solutions offertes par la justice transitionnelle et en constitue même l'un des piliers. La répression pénale est nécessaire pour reconnaître les droits des victimes et reconstruire le tissu social. Cependant, la justice pénale ne peut pas à elle seule assurer la transition vers un État de droit et de paix après d'importantes violations des droits de l'homme* »[152].

---

[148] Entretien avec une victime, Bujumbura, le 22/02/2022
[149] Entretien avec un Expert du THARS, Bujumbura, le 11/03/2022
[150] En Kirundi, il dit : « *Basa na bababariye* »
[151] On dirait que cette victime donne peu de place à la réconciliation
[152] Avocats Sans Frontière, *Qu'est-ce que la justice transitionnelle ?* consulté sur le site https://www.asfcanada.ca/uploads/publications/uploaded_juprec-depliant-general-imp-pdf-122.pdf le

Les expériences ont démontré la nécessité d'adopter une approche qui mise sur plusieurs mécanismes complémentaires. Cette approche permet de répondre aux attentes légitimes des victimes dans leur recherche de justice globale.

III.4. Réparations des dommages

L'État a l'obligation de réparer les torts causés aux victimes par son action ou son inaction. Ce pilier englobe l'ensemble des mesures de réparation, de l'indemnisation à la reconnaissance symbolique. Ce sont les victimes qui doivent être les principales bénéficiaires de ces mesures. Les réparations peuvent prendre plusieurs formes : rétablir la situation qui existait avant la violation, indemniser les victimes, offrir aux victimes des *bénéfices psychologiques*, etc.

Ainsi, dans la réhabilitation des veuves et des orphelins, les victimes ont besoin d'un accès aux services sociaux de base et l'autonomisation financière[153]. Du point de vue social, comme a été le cas au Rwanda de l'après génocide, raconte une victime, « *la reconnaissance des victimes devrait s'accompagner par des réhabilitations sociales comme des études gratuites pour les orphelins de guerre et avoir du travail après ces études* »[154]. Aussi, sur ce même point de vue, une autre victime ajoute que : « *puisque certaines victimes sont devenues plus vulnérables suite aux crises répétitives, l'Etat devrait construire des infrastructures publiques comme les hôpitaux destinés à soigner ces victimes* »[155].

Qu'en est-il de la restitution des biens ou l'indemnisation pour les biens volés ou perdus dans les crises ? Selon un expert de la justice transitionnelle, les objets volés dans les différentes crises ont une valeur symbolique et non une valeur intrinsèque.[156] Un vélo, une machine à coudre, sans parler des biens plus valeureux comme une maison, un véhicule, leur valeur symbolique pèse lourd que leur valeur intrinsèque. Donc, tous ces objets doivent être restitués. Car, l'octroi de réparations et de dédommagements peut manifester la reconnaissance par les bourreaux et par l'Etat des torts passés, restaurer la

---

16/03/2022
[153]C'est ce qu'on lit sur le dépliant de l'AVOD
[154]Entretien avec une victime, Bujumbura, le 23/02/2022
[155]Entretien avec une victime, Bujumbura, le 25/302022
[156]Entretien avec un expert, Bujumbura, le 18/20/2022

dignité des survivants et alerter l'opinion publique de la responsabilité morale de la population en général à participer à la cicatrisation des blessures du passé.

En même temps, du point de vue psychologique, des actes de réparation dits symboliques (comme des ré-inhumations) et des actes matériels de réparation collective (par exemple compensations financières) ont le même but. Ces formes de réparation, comme des monuments et d'autres formes de souvenir symbolique, peuvent jouer un rôle important dans la réparation des victimes.

Mais, pour les associations des victimes, « *les monuments existant devraient rester en place et être protégés* ». Toutefois, cela n'empêche non plus la construction d'autres monuments.

Les idéaux, les droits et les aspirations des victimes peuvent être mis en relief en reconnaissant leur contribution à la naissance d'une nouvelle société. Généralement, les victimes ont le sentiment que le gouvernement ne les écoute pas, que leurs souffrances ne sont pas reconnues, qu'elles détiennent la vérité sur les faits commis et que les autorités ne connaissent pas ce qu'elles ont à endurer au quotidien. Le fait d'être écouté, entendu et compris constitue aussi une réparation importante.

De ce point de vue symbolique, les victimes ont besoin du recouvrement de la dignité parce qu'il y en a qui l'ont perdue lors des crises récurrentes qui ont secoué le Burundi comme l'affirme une des victimes :

> « *En premier lieu si les victimes pouvaient obtenir le recouvrement de leur dignité parce que beaucoup ont perdu leur dignité. Ça c'est la première chose. Qu'elles soient appelées des hommes. Que le nom des Bamenja disparaisse. Que disparaisse le nom de serpent. Que le nom d'animal disparaisse* »[157].

Aussi, pour réparer symboliquement les victimes, une catégorie de ces dernières veut que le gouvernement en tant que institution étatique procède à la demande du pardon là où ce dernier a commis des forfaits[158].

Pour certaines victimes, l'essentiel ce n'est pas un monument national. Le plus important c'est la reconnaissance par l'Etat de ce qui s'est passé[159]. De cette

---

[157] Entretien avec une victime, Bujumbura, le 25/3/2022
[158] Entretien avec une victime, Bujumbura, le 25/3/2022
[159] Entretien avec une victime, Bujumbura, le 23/02/2022

reconnaissance, il en découle une journée de commémoration nationale. Mais pour les victimes actives dans les associations faisant objet de notre étude, cela ne doit pas empêcher que les victimes de différentes séquences ou de différentes dates et lieux de tueries continuent à commémorer à la date et endroit des tueries des leurs. Cette idée est partagée par la quasi-totalité des associations des victimes étudiées.

Pour ces victimes, commémorer étant dans la place où s'est perpétré les massacres, c'est synonyme d'honorer les victimes de ces massacres. Tout en regrettant, une victime raconte que « *les endroits où les massacres ont été perpétrés ne sont pas respectés. Les personnes qui ont été assassinées massivement ne fut-ce que pour leur appartenance ethnique n'ont pas bénéficié de dignité* ».

Sur l'idée de la construction des monuments, certaines victimes des associations proposent le rapprochement des monuments tout près des victimes. Cela veut dire, la construction des monuments commune par commune ; pourquoi pas colline par colline : « *Il faut des monuments dans tout le pays pour que toutes les victimes se sentent soulagées et consolées. Sinon le monument unique, c'est pour le gouvernement. Tu ne pourras pas inviter une victime de Nyanza-Lac pour aller commémorer à Muramvya ou à Gitega. C'est plus loin* »[160]. Et cela correspond aux résultats de recherche faite par Aloys Batungwanayo où une victime affirmait:

« *Moi je trouve qu'il est nécessaire de construire un monument sur chaque colline pour nous permettre d'honorer leur mémoire annuellement. Cela nous empêcherait d'oublier ce qui s'est passé* »[161].

Toutefois, à entendre les victimes œuvrant dans ces associations, ils ne sont pas contre l'existence d'un monument national. Mais que celui-ci ne soit pas national et unique. Il faut que la victime ait son monument plus proche partout où elle est, dans tous les coins du pays ; ce que une victime qualifie « *de monument chez soi, plus proche (de la victime)*[162] ». Ces victimes veulent dire qu'il est nécessaire d'avoir des « monuments de proximité » qui tranquillisent les différentes régions où chacun se sent qu'il s'agit de son propre monument.

Cela est plus proche de la proposition d'un Rapporteur des Nations Unis dans ce domaine lors de sa visite au Burundi en 2014 : « *Le nombre limité*

---

[160] Entretien avec une victime, Bujumbura, le 03/03/2022
[161] A, BATUNGWANAYO, *Promouvoir la cohésion sociale, la sécurité humaine et la résilience pour la jeunesse burundaise et les communautés locales » 2017 – 2021*, Rapport de l'American Friends Services Comitee, novembre 2017, p. 87
[162] En Kirundi, la victime disait : « Icibutso iwiwe, kimwegereye »

de mémoriaux existants au Burundi est en contraste frappant avec le nombre d'actes violents survenus dans son histoire récente»[163].

Un constat presque général, les victimes du CARAVI ne sont pas très préoccupées par la réparation matérielle ou restitution des biens. Cela serait dû au fait que les membres des associations étudiés sont constitués par des victimes des tueries de masse qui ont eu lieu dans des endroits biens déterminés comme dans les écoles, au marché, au village dans un habitat regroupé, … En plus, il est plus évident que ces victimes se préoccupent plus par la violation du droit à la vie.

III.5. Réformes institutionnelles et garanties de non répétitions

L'État doit protéger les victimes et garantir que leurs droits ne soient plus violés de nouveau. Il doit revoir le fonctionnement de ses propres institutions en vue d'éviter une nouvelle crise[164]. Ce volet de la justice transitionnelle cherche à rétablir la confiance de la population dans les institutions publiques. Il vise aussi à créer une culture de respect des droits de l'homme.

La réforme des institutions étatiques, après des décennies de violence, est une mesure préventive cruciale, puisque les conflits sont une des conditions qui favorisent les violations des droits de l'homme. Dans le cas du Burundi, ceci a non seulement impliqué la démobilisation des ex-combattants, mais aussi l'intégration d'un grand nombre d'entre eux parmi les forces militaires et de la police, une sorte d'équilibration ethnique dans l'administration publique conformément aux clauses de l'Accord d'Arusha et des accords ultérieurs[165]. Pour nuancer, ces réalisations se sont accomplies dans le cadre de la consolidation de la paix mais pas de la justice transitionnelle. Sur ce sujet, une victime précise :

> « Si on analyse comment on a réformé *les forces de l'ordre, on a mélangé ceux qui ont combattu. C'est bien qu'on a considéré les combattants hutu et tutsi mais dedans il y en a qui ont tués (présumés*

---

[163] Rapporteur Spécial des Nations Unies sur la promotion de la vérité, la justice, la réparation et les garanties de non répétition, visite au Burundi, 8-16 décembre 2014, p.8
[164] Voir le site https://www.asfcanada.ca/uploads/publications/uploaded_juprec-depliant-general-imp-pdf-122.pdf consulté le 16/03/2022
[165] Rapporteur Spécial des Nations Unies, Op. Cit., p.7

> *auteurs). Il existe donc une étape d'assainissement ou vetting non encore réalisée parce que ces présumés auteurs ont encore de la force et ne tranquillisent pas les victimes »*[166].

Pour la justice transitionnelle, il faut que ces réalisations s'accompagnent des efforts pour passer au crible ou séparer de leurs fonctions les personnes ayant des antécédents liés à la commission de violations des droits de l'homme. Ce besoin transparait dans les propos des victimes en ces termes : « *Que peut offrir à la victime le bourreau ? Rien d'autre sauf la garantie de non* répétition »»[167]. Cela veut dire que le bourreau ne doit plus exercer ses fonctions au sein des institutions de l'État[168]. C'est cette mesure qu'on appelle vetting.

Le vetting constitue donc une mesure de prévention des violations des droits de l'homme tout en permettant un certain degré de satisfaction pour les victimes dans la mesure où les auteurs présumés qui ne sont pas poursuivis sont au moins exclus de positions de pouvoir[169]. Cette mesure a une importance capitale dans la mesure où selon les victimes : « *Le bourreau pense qu'il existe au moins une personne au lieu de qu'il l'a vu perpétrer le forfait ou bien qu'on l'a su. Ces bourreaux ont toujours une psychose de peur. Ils sont hypervigilants. Eux-mêmes, ils sont morts (dans leur intérieur) et ils ne peuvent pas guérir les autres* »[170].

Dans de tels propos, on y décèle que les personnes interviewés comprennent la nécessité de la réforme institutionnelle surtout le vetting. On voit que ces enquêtés prennent cette réforme comme une étape cruciale dans le processus de la réconciliation. Cela étant, pour ces victimes, la paix intérieure des personnes qui incarnent les institutions peuvent se transposer dans tout le pays.

Bien que présentant de nombreux avantages, cette mesure de vetting ou d'assainissement est souvent sacrifiée pour diverses raisons. Le maintien de l'unité nationale, la protection des salaires des fonctionnaires de l'Etat, la crainte des représailles politiques et l'accroissement de la criminalité et le souci de consolider la paix, sont autant de facteurs qui font que les avantages

---

[166] Entretien avec une victime, Bujumbura, le 25/3/2022
[167] Entretien avec une victime, Bujumbura, le 03/03/2022
[168] Haut-commissariat des Nations Unies pour les droits de l'homme, République Démocratique du Congo : 1993-2003, Rapport Mapping des Nations Unies disponible sur le site https://www.ohchr.org/fr/countries/africa/2010-drc-mapping-reportconsulté le 2/9/2021
[169] *Ibd.*
[170] Entretien avec une victime, Bujumbura, le 03/03/2022

du vetting soient ignorés lors de la mise en œuvre de la justice transitionnelle.

Quant à la commémoration, les victimes voudraient que le droit de la commémoration soit respecté : « *…Et puis, il faut respecter le droit de commémoration parce que, empêcher la commémoration à une victime, c'est une façon de cacher la vérité* ». Ceci rejoint le discours du Rapporteur Spécial des Nations Unies qui est plus expressif sur ce sujet : « *Le Gouvernement devrait s'abstenir d'interférer dans des initiatives de commémoration et devrait activement favoriser les initiatives promues par des citoyens, dans un cadre qui garantit le soutien équitable de telles initiatives* »[171]. Les victimes interviewées considéraient le libre exercice du droit de commémoration comme une condition *sine qua none* pour la non-répétition des violences au Burundi.

III.6. Aide psychosociale aux victimes

Le soutien psychosocial se définit comme un processus qui vise à répondre aux besoins émotionnels, sociaux et spirituels d'une personne[172]. Ici, il y a deux dimensions. La première dimension est psychologique (émotions, processus de pensée, sentiments et réactions). La seconde dimension est sociale (relations, réseaux familiaux et communautaires, valeurs sociales et pratiques culturelles).

Ainsi, le soutien psychosocial est indispensable, selon THARS, « *à toutes personnes affectées par le passé ou le présent, étant dans le stress post traumatique soit les enfants, les adolescents et adultes. Il favorise leur bien-être psychologique et émotionnel, ainsi que leur développement psychologique et mental* ».

Comme on le voit, les pays sortant des conflits violents ont un grand défi à relever : la détraumatisation des victimes touchés mentalement par les violences. En effet, ce que les victimes ont vécu, ce qu'elles ont vu, ce qui leur est arrivé se répercutent sur leur psychique. C'est ce qu'une victime exprime par les termes suivants : « *Les violences que nous avons vécues ont fait que pas mal de gens souffrent de la dépression* »[173].

A titre illustratif, pour le Rwanda, Handicap International écrivait en 2014 que 20 ans après le génocide, ce pays enregistrait le plus haut niveau de troubles

---

[171] Rapporteur Spécial des Nations Unies, Op. Cit., p.7
[172] Nous tirons cette définition d'une brochure trouvée au THARS intitulé : *Approche de THARS dans la prise en charge psychosociale*, THARS, sl.sd.
[173] Entretien avec une victime, Bujumbura, le 25/3/2022. Pour désigner la dépression, la victime utilise en Kirundi le terme de « *ingwara y'akabonge* ».

de stress post traumatique de la région, la cause principale étant le génocide des Tutsis de 1994[174] alors que cette ONG a commencé son œuvre de soutien psychosocial aux enfants orphelins en 1996. Des recherches menées en 2009 sur le Rwanda même, ont permis d'établir que 2,65 millions de personnes au Rwanda (environ 29% de la population) souffrent de troubles de stress post-traumatiques. Cette situation de traumatisme et de besoin de thérapie n'épargne pas le Burundi comme le précise un expert dans ce domaine « *Beaucoup sont malades. On le voit à travers leurs comportements*»[175]. Une victime membre de l'association ajoute qu'il y en a qui se donne à la drogue au Burundi[176].

Pour le Burundi, au cours de nos recherches, nous avons constaté que même si certaines victimes actives au CARAVI prétendent qu'ils sont en bon état mental[177] par rapport à ceux qui n'y participent pas, leur problème n'a pas complètement disparu. Nous avons remarqué que certaines d'entre elles disent que l'Etat ne les soutient pas (indignation). D'autres refoulent les événements à notre premier contact mais au fur du temps racontent beaucoup d'informations. C'est aussi comme celles qui disent qu'elles ont pardonné les bourreaux mais que ces derniers soient d'abord traduits en justice (résignation). Au cours des entretiens, nous avons remarqué que certaines victimes se trouvent encore dans l'état de post-traumatisme car celles-ci changeaient d'humeur.

Toutefois, « *il n'existe aucun centre de prise en charge des victimes* »[178], renchérissent les victimes. Or, dans l'accord d'Arusha, on prévoyait que le Gouvernement devrait assurer, à travers une assistance spéciale, la protection,

---

[174] Handicap International, Rwanda: 20 ans après. « Les séquelles du génocide », n° 55, 2014 consulté sur le site https://handicap-international.ch/sites/ch/files/documents/files/hi_vd55.pdf le 08/01/2022

[175] Entretien avec un expert, Bujumbura, le 18/02/2022

[176] Entretien avec une victime, Bujumbura, le 23/20/2022. Ici, la victime parlait des cas d'orphelins.

[177] Un jour après un panel sur la radio Isanganiro en rapport avec la question de mémoire au Burundi et les activités de la CVR, un des membres d'une association des victimes nous a dit : « *Twebwe twarakize.* » pour dire en Français : « *Nous, nous sommes guéris* ».

[178] Peut-être qu'ils veulent signifier qu'il n'existe pas, jusqu'ici, un centre étatique de prise en charge psychosociale des victimes sinon au Burundi le THARS s'occupe de la question sauf qu'il ne peut pas satisfaire les besoins de toutes les victimes ou couvrir tout le territoire burundais. Selon le rapport *A biannualRport 2016-2017*, THARS accomplit ses activités dans 10 communes où 27 communes sont couvertes par ses activités. L'Expert de la prise en charge psychosociale précise que seules les initiatives de la Société Civile ne peuvent pas couvrir tous les besoins de prise en charge psychosociale au Burundi à cause d'un grand nombre des victimes qui en ont besoin.

la réhabilitation et la promotion des groupes vulnérables, à savoir des enfants chefs de famille, des orphelins, des enfants de la rue, des enfants non accompagnés, des enfants traumatisés, des veuves, des femmes chefs de famille, des jeunes délinquants, des handicapés physiques et mentaux, etc.[179]

Jusqu'à maintenant, aucun centre étatique de détraumatisation des victimes n'existe pas encore[180]. Certaines victimes manifestent leur désespoir sur l'existence même, dans l'avenir, du centre de prise en charge psychosociale des victimes : « *Personne ne sait même si dans le plan national de l'Etat (burundais), il y aurait l'idée de ce centre* »[181].

Il faut noter que cette prise en charge sera toujours d'une importante capitale même au moment de la réconciliation où les victimes et les bureaux vont se rencontrer. Pour quelques victimes, en effet, la participation aux programmes de justice réparatrice peut conduire à une seconde victimisation[182]. De plus, la rencontre avec le bourreau peut créer de nouveaux problèmes pour la victime. Il devient donc évident qu'il faut intégrer l'aide psychosociale des victimes dans un programme d'aide aux victimes avec un suivi adéquat.

Les conséquences liées au manque d'une prise en charge psychosociale sont multiples. Du point de vue social ou communautaire, selon l'expert en prise en charge psychosociale :

> « *Si le trauma n'est pas traité, il peut être à l'origine de l'esprit de vengeance. Cela signifie qu'à un moment donné, les tueries ou bien les violences peuvent être utilisées comme une arme de vengeance parce qu'on n'a pas été stabilisé. Aussi, la réconciliation devient difficile* »[183].

Ainsi donc, pour ne pas compromettre le processus de la réconciliation, la paix voire même le développement, la prise en charge des victimes constitue un impératif dans une société qui a connu un conflit violent. C'est cela qui peut permettre une réconciliation effective. A l'inverse, pas de réconciliation, pas de paix, pas développement ; plutôt, il y a un risque de résurgence de la violence sous forme de vengeance, d'où des cycles de violences.

---

[179] Art. 10 de l'Accord d'Arusha pour la paix et la réconciliation au Burundi, 2000
[180] Des initiatives privées existent. Mais, la tâche à accomplir est si énorme que les efforts du gouvernement s'avèrent plus que nécessaire.
[181] Entretien avec une victime, Bujumbura, le 23/02/2022
[182] Peters, T, *Op. Cit.*, pp. 203-254
[183] Entretien avec un Expert de la prise en charge psychosociale, Bujumbura, le 11/03/2022. Mais le manque de stabilisation psychologique ne doit pas être un prétexte pour se venger.

Pour clore ce chapitre, la libération de la parole des victimes, la connaissance de la vérité, la justice et/ou le pardon, les réformes institutionnelles et la prise en charge psychosociale des victimes ont pour aboutissement la réconciliation et la construction d'une paix durable. Pour dire que les besoins des victimes pris dans l'ange des quatre piliers de la justice transitionnelles sont interdépendants.

CONCLUSION GENERALE

Au cours de ce travail, nous étions fixé un objectif d'identifier et d'analyser les besoins des victimes du conflit politico-ethnique burundais dans le cadre de la justice transitionnelle en partant du cas des associations des victimes. Nous sommes partie d'une **question centrale qui** était celle **de savoir quels sont les besoins des victimes rassemblée au sein du CARAVI**. Pour pouvoir mener à bonne fin notre étude, nous avons combiné les techniques d'enquête : la recherche documentaire, l'entretien semi-directif et l'observation. Les données recueillies ont été soumises à une analyse de vérification.

Ce travail a été réparti en trois chapitres complémentaires. Le premier chapitre développe les concepts-clés ou certaines notions à savoir la justice transitionnelle, la notion de victime, la notion de besoin dans le cadre de la résolution pacifique des conflits, les associations des victimes.

Dans le second chapitre, le travail développe la gestion des besoins des victimes avant la mise en place de la CVR. Nous avons constaté, de façon générale, une certaine insatisfaction des victimes. Effet, certains problèmes des réfugiés, des rapatriés et des déplacés restaient pendants jusqu'en 2014. Il en est de même pour les veuves et les orphelins qui attendaient et attendent toujours des réparations ou des indemnisations.

Aussi, les anciens combattants ou démobilisés n'ont pas été suffisamment insérés dans la vie socio-économique pour devenir des artisans de la paix et du développement durable comme l'envisage le programme de DDR. En plus, des commémorations comme des monuments existants n'ont pas contribué grand-chose à la réconciliation. Toutefois, les initiatives des associations du CARAVI consistant à organiser des commémorations collectives ont constitué un grand pas dans le rapprochement des associations qui, jadis, avaient des mémoires concurrentes. C'est en se concurrençant, que les victimes peuvent oublier l'existence des autres victimes qui peut conduit à l'invisibilité sociales des victimes.

Dans le troisième chapitre, nous faisons une analyse des besoins des victimes. Ainsi, les résultats de cette recherche montrent que les victimes du CARAVI ont un vif besoin de la parole. C'est en libérant la parole des victimes que celles-ci guérissent leurs blessures du passé. C'est d'ailleurs par des échanges sur les souffrances que les associations du CARAVI ont tenté une réconciliation entre elles. La parole peut aussi participer à la guérison des auteurs étant donné qu'eux aussi sont devenus victimes de leurs violations. C'est en même temps en libérant la parole des victimes que la vérité éclate au grand jour.

Au cours de nos recherches, nous avons trouvé que les associations des victimes ont besoin de connaître la vérité sur les faits. Par ailleurs, les associations des victimes constituent un cadre d'expression des victimes pour lutter contre le déni.

Certaines victimes pensent que le pardon peut jouer un grand rôle dans la détraumatisaion des bourreaux. Mais, pour certaines victimes du CARAVI, le besoin de justice prime sur le pardon dans la mesure où ceux qui envisagent le pardon n'excluent par l'existence de la justice. Pour d'autres, le pardon joue un grand rôle dans la réconciliation au sein de voisinage ou de la communauté.

On constate que les victimes veulent des réparations. Toutefois, ces victimes mettent un accent particulier sur la réparation symbolique : le recouvrement de la dignité perdue lors des violences, l'érection des monuments et la mise en place d'une journée nationale de commémoration. Elles proposent que la mise en place d'un monument national et d'une journée nationale de commémoration n'empiètent pas sur les monuments déjà existants et aux jours des tueries commémorés par ces victimes.

Pour ce qui concerne les garanties de non-répétition, les victimes ne reviennent pas sur les réformes institutionnelles accomplies dans le cadre de la consolidation de la paix. Plutôt, elles jugent si nécessaire le « vetting » pour écarter des fonctions publiques les auteurs des violations. Puis, une autre garantie de la non-répétition, c'est le respect et la protection du droit de commémoration. Enfin, le besoin d'une prise en charge psychosociale des victimes entrent aussi dans les garanties de non-répétition. C'est par le traitement psycho-social du passé douloureux que l'on peut éviter l'esprit de vengeance qui conduit à des cercles vicieux de violences.

Au début de ce travail, nous sommes partie des hypothèses à savoir : les victimes rassemblées dans les associations du CARAVI ont besoin de la reconnaissance de leurs souffrances, la réparation et qu'elles ont un rôle irremplaçable à jouer dans la réconciliation des Burundais. Nos hypothèses ont été confirmées. Mais, nous pensons ne pas avoir épuisé ce sujet. Ainsi, ce travail fait une ouverture à d'autres recherches. D'autres chercheurs pourront l'approfondir en étudiant par exemple l'impact de la prise en charge psychosociale accomplie par les acteurs de la Société Civile au Burundi.

BIBLIOGRAPHIE

a. Ouvrage généraux
1. CHRETIEN J.P., ET DUPAQUIER J.F., *Le Burundi 1972. Au bord des génocides*, Paris, Karthala, 2007
2. GUICHAOUA A. (sous la dir.), *Exilés, réfugiés, déplacés en Afrique centrale et orientale*, Paris, Karthala, 2004
3. HUYE L. (sous la dir.), *Justice traditionnelle après un conflit violent : la richesse des expériences africaines*, Stockholm, IDEA, 2008
4. INTERNATIONAL INSTITUTE FOR DEMOCRACY AND ELECTORAL ASSISTANCE, *La réconciliation après un conflit violent: Un manuel*, Traduction de Francis Vallée, Stockholm, IDEA, 2003
5. SEMELIN, J., *Purifier et détruire : usages politiques des massacres et génocides*, paris, Seuil, 2005

b. Articles
1. MATIGNON, E., « Justices en mutation au Burundi : Les défis du pluralisme juridique », in *Afrique contemporaine*, n°250, 2014, pp. 55-80
2. TURGLS, N., « La justice transitionnelle : un concept discuté » in *Les Cahiers de la justice*, mars 2015, n° 3, pp. 333-342
3. VERNERIS, M- H., « Justice et pardon, une cohabitation possible derrière les Barreaux ? » in *Le sujet dans la cité*, n° 7, L'Harmattan, 2016, pp. 213 à 226

c. Mémoires
1. BATUNGWANAYO, A. J., *Le droit et le devoir de mémoire au Burundi : 1962-2014*, mémoire de Master en Droit International Public, Université Espoir d'Afrique, 2014
2. BITSURE, J., *La problématique de rapatriement et de réintégration socio-professionnelle des réfugiés burundais : étude de cas*, mémoire de DESS, Chaire UNESCO, Bujumbura, 2007
3. FERRANDIS L., *La responsabilité de l'Etat dans la victimisation : le cas particulier des victimes du terrorisme*, mémoire de Master en Criminologie, Université de Liège, 2019-2020

4. GAHUNGU, L., *Les programmes de désarmement, démobilisation, réintégration et sécurité au Burundi*, mémoire de DESS, Chaire UNESCO, Bujumbura, 2008
5. MARIAM, B., *La prise en charge des orphelins en Afrique subsaharienne : entre structures formelles et informelles*, Université d'Aix-Marseille, Master en Anthropologie du Développement Durable, 2018-2019
6. NDIMUBANDI, A., *Approche exploratoire des attentes des personnes endeuillées par le conflit dans la justice transitionnelle au Burundi*, mémoire de DESS, Chaire UNESCO, Bujumbura, 2010
7. NTAKARUTIMANA, S., *La problématique des politiques de réparation dans le cadre de la justice transitionnelle : quels défis pour le Burundi ?*, mémoire de DESS, Chaire UNESCO, Bujumbura, 2009
8. NTAKIRUTIMANA, P., *Les défis et les enjeux d'une Commission de Vérité et Réconciliation au Burundi*, mémoire de DESS, Chaire UNESCO, Bujumbura, 2007

d. Rapports et autres documents
1. Accord d'Arusha pour la paix et la réconciliation au Burundi, 28 août 2000
2. AVOCATS SANS FRONTIERES CANADA, Pour une justice transitionnelle efficace et inclusive, Rapport de consultation sur les perceptions, attentes et besoins exprimés par les victimes au conflit armé au Mali, Québec, *sd*
3. BARANCIRA, S., *Paroles de Burundais sur la justice de l'après-guerre*, RCN Justice et Démocratie, rapport 2006-2007
4. BATUNGWANAYO, A, *Promouvoir la cohésion sociale, la sécurité humaine et la résilience pour la jeunesse burundaise et les communautés locales » 2017 – 2021*, Rapport de l'American Friends Services Comitee, novembre 2017
5. Bureau intégré des Nations Unies, *La justice de transition et les principes des consultations nationales au Burundi*, Bujumbura, 2009
6. MOTTET, C. et POUT, Ch., *La justice transitionnelle : une voie vers la réconciliation et la reconstruction d'une paix durable*, Conference Paper 1/2011
7. CENAP, *Rapport de mise en œuvre des recommandations issues de la recherche sur la thématique: Justice Transitionnelle*, Bujumbura, décembre 2011
8. CENAP, *Traiter du passé et construire l'avenir: La place de l'histoire dans la thérapie collective*, Bujumbura, 2010
9. CHAIRE UNESCO, *la justice en période de post-conflits*, Actes du colloque, Bujumbura, 2005
10. CICR, *Meilleures pratiques opérationnelles concernant la prise en charge des restes humains et des informations sur les morts à mettre en œuvre par des non-spécialistes,* Genève, 2004
11. GATUNANGE Gervais, *La problématique foncière dans la perspective du rapatriement et de la réinsertion des sinistres*, Rapport de l'OAG, Bujumbura, novembre 2005
12. Loi n° 1/022 du 6 novembre 2018 portant modification de la loi no1/18 du 15 mai2014 portant création, mandat, composition, organisation et fonctionnement de la Commission Vérité et Réconciliation

13. MOTTET Carol et POUT Christian, *La justice transitionnelle : une voie vers la réconciliation et la construction de la paix*, Conference Paper, Yaoundé, 2011
14. OAG, *Les consultations nationales au Burundi. Expériences acquises, défis et stratégies pour la mise en place des mécanismes de justice transitionnelle*, Bujumbura, 2009
15. OBSERVATOIRE NATIONAL DE LA PAUVRETE ET DE L'EXCLUSION SOCIALE, *L'invisibilité sociale : une responsabilité collective*, Rapport, 2016
16. Résolution 40/34 de l'Assemblée Générale sur les principes fondamentaux de justice relatifs aux victimes de la criminalité et aux victimes d'abus de pouvoir, en 1985
17. THARS, *Etude sur les besoins en accompagnement psychosocial des victimes lors du processus de la justice transitionnelle et particulièrement pendant la phase de préparation et d'exécution de la CVR au Burundi*, Bujumbura, avril 2012

e. Site internet
1. http://base.d-p-h.info/fr/fiches/premierdph/fiche-premierdph-1222.htm
2. https://hal.archives-ouvertes.fr/hal-01205965/document
3. https://www.cairn.info/revue-etudes-2011-2-page-175.htm
4. https://www.iwacu-burundi.org/quelle-rparation-pour-les-victimes-des-diffrentes-crises-qui-ont-endeuill-le-burundi/

ANNEXE

GUIDE D'ENTRETIEN

Sujet : Identification et analyse des besoins des victimes du conflit politico-ethnique burundais dans le cadre de la justice transitionnelle : cas des associations des victimes

Identification

Nom et prénom :
Age :
Sexe :
Nom de l'association des victimes/organisation :

Questions d'enquête (pour les victimes)

1. Comment la question des victimes a été gérée jusqu'en 2014 (éléments visés : réfugiés, déplacés, rapatriés, veufs/veuves, orphelins, personnes ayant perdu les biens, les ex-combattants/démobilisés, organisations des commémorations et les monuments) ?
2. Pourquoi vous avez choisi à fonder ou adhérer à une association des victimes ?
3. Quelle est le rôle des associations des victimes dans la réconciliation ?
4. Quels sont les besoins des victimes de votre association dont la satisfaction conduirait à la réconciliation au Burundi (se référer sur les quatre piliers de la justice transitionnelle)?

Questions d'enquête pour les experts de la prise en charge psychosociale

1. Comment reconnaitre qu'une victime est en besoin d'une prise en charge psychosociale ?
2. Pourquoi faut-il une prise en charge psychosociale des victimes ?
3. Quelles sont les conséquences d'un manque de prise en charge psychosociale (chez les victimes et la société toute entière)?
4. Quel est le rôle que peut jouer la prise en charge psychosociale dans la réconciliation ?
5. Quelles sont les relations que votre organisation entretient avec les associations des victimes ?